Ira Schneider

Münsterland KÜCHENKLASSIKER

Knabbeln, Korn und *Knochenschinken*

Wartberg Verlag

Bildnachweis:
Alle Fotos von Ira Schneider mit Ausnahme des Autorenfotos auf der Umschlagrückseite von Klaus Görgen.

1. Auflage 2016

Gestaltung und Satz: www.ravenstein2.de
Druck: Druck- und Verlagshaus Thiele & Schwarz GmbH, Kassel
Buchbinderische Verarbeitung: Buchbinderei S. R. Büge, Celle

34281 Gudensberg-Gleichen · Im Wiesental 1
Telefon: 056 03/9 30 50 · www.wartberg-verlag.de

ISBN 978-3-8313-2476-7

Ira Schneider

Münsterland KÜCHENKLASSIKER

Knabbeln, Korn und *Knochenschinken*

Danke

Mit Wiederentdeckung der regionalen Küche sind viele etwas in Vergessenheit geratene Gerichte wieder ins Interesse der Öffentlichkeit gerückt.
Es sind nicht nur die persönlichen Kindheitserinnerungen, die die jeweilige Heimatküche in einem besonderen Licht erscheinen lässt. Auch raffinierte Neu-Interpretationen der Klassiker machen heutzutage traditionelle Speisen zu Besonderheiten.
In der deutschen Küchenlandschaft steht die Münsterländer Küche für Spezialitäten wie Pumpernickel, Potthast und Pannekoken. Auch Knabbeln, Korn und Knochenschinken sind über die regionalen Grenzen hinaus zum Inbegriff des Münsterlands geworden. Nicht nur aufwändige Menüs wie das Hochzeits- oder Jagdessen mit fester Speisenfolge, sondern ebenso bodenständige Gerichte wie Eintöpfe mit Kartoffeln, Kohl, Wurzelgemüse oder Bohnen erhalten bei Genießern heute gebührende Aufmerksamkeit.
Ein Kochbuch mit authentischen Rezepten, das die münsterländische Esskultur, Traditionsgerichte und typische Zutaten dokumentiert, ist kein einfaches Vorhaben. Ohne Unterstützung wäre dies nicht möglich.

Ich bedanke mich herzlich bei meiner Slow Food-Kollegin Margret Wehning, die handschriftliche Rezepte ihrer Mutter und Tanten gesammelt hat und zu besonderen Anlässen gerne wieder ins Leben ruft. Dank ihrer Schilderungen konnten viele für die Region Münsterland typischen Culinaria aus ihrer Kindheit und Jugend vom Familienhof in Stadtlohn in dieses Buch mit einfließen. Ein besonderes Dankeschön gilt auch Marie-Luise Wehning-Musholt aus Südlohn für Input zum „Who is Who der Küchenklassiker“ und dem westfälischen Autor Willi Krift, der in seinem Band „So kochten wir damals in Westfalen“ (Münster: Coppenrath 1986) eine Art Anthologie zu den regionaltypischen Spezialitäten erstellt hat.
Ebenfalls besonders danken möchte ich meiner Mutter Magreth Schneider und den Landwirten Peter Eßer („Der Gänsepeter“) aus Rommerskirchen-Ramrath und Wilfried Odenthal aus Erftstadt-Erp („Speisekartoffeln Odenthal“) für Unterstützung in meiner Foto-Küche (www.diefotokueche.de).

Ira Schneider

INHALTSVERZEICHNIS

VORWORT

Liebe Leserinnen und Leser!

In diesem Kochbuch finden Sie die Münsterländer Küche, wie sie in Privathaushalten von Rheine im Norden bis nach Dülmen im Süden heute auf den Tisch kommt. Der Rezeptband hat weder den Anspruch, ein historisches Kochbuch zu sein, noch avantgardistische Strömungen aufzugreifen. Viele Rezeptklassiker wie Münsterländer Töttchen, ein süß-saures Kalbsragout, aber auch moderne Speisen wie Rosenkohlauflauf finden sich im Repertoire der Familien.

Knabbeln, Korn und Knochenschinken – Küchenklassiker aus dem Münsterland

Der Rezeptekanon für dieses Kochbuch ist nach Recherchen in alten und modernen Kochbüchern aus den letzten 100 Jahren, vor allem aber durch Gespräche mit Bewohnern des Münsterlands entstanden. Im Austausch mit meiner Slow Food-Kollegin Margret Wehning, die auf einem Bauernhof in Stadtlohn aufgewachsen ist, konnte ich diese Rezeptsammlung erstellen. Der Band legt dabei einen Schwerpunkt auf traditionelle Rezepturen, die bis heute zum lebendigen Küchenschatz gehören. Er zeigt darüber hinaus ebenso, wie Genuss-Menschen in der Region mit frischen, heimischen Zutaten kochen.

Alle Klassiker treffen durch kleine Variationen noch immer den Zeitgeist und Geschmack einer aromatischen, unverfälschten Landküche mit einfachen Zutaten. In meiner Fotoküche habe ich die zusammengestellten Rezepte ausprobiert und in Szene gesetzt.

Welche Spezialitäten von „Knabbeln bis Pannekoken" man kennen muss, verrät Ihnen das „Who is who" der Küchenklassiker. Welche typischen Produkte die Region bereithält, erfahren Sie in den Einführungen der einzelnen Kapitel. Ausflüge in den Bauerngarten, die münsterländische Esskultur und das kulinarische Brauchtum sowie praktische Tipps runden den Band ab.

Sie haben nun Appetit bekommen?
Viel Freude beim Nachkochen, Schmökern und Genießen wünscht

Ira Schneider

TYPISCH MÜNSTERLAND!

Das Who is Who der Münsterländer Küche von A-Z

Ärpel, Ärrappel – Erdäpfel, also Kartoffeln, gehören zum Grundstock der Münsterländer Küche. Mit „Brodoffeln" meint man mancherorts Schwenkkartoffeln. Reibekuchen heißen „Reibe-Puffert" oder „Ärpelpläätzkes".

Buckweitenpannekoken, Baukwaiten-Henrich – Pfannkuchen aus Buchweizenteig aß man früher häufiger als Weizenpfannkuchen, denn der Buchweizen gedieh auch in kargen Regionen.

Brotpriumen oder Backpruumen – Backpflaumen auch „Westfälische Trüffel" genannt, werden gerne zu Milchspeisen gereicht oder auch für Fleischsaucen verwendet.

Dicken Riis, stuifn Ruis – süßer, steif gekochter Reis, ursprünglich eine Festtagsnachspeise.

Duckefett – Schmandstippsauce mit Speck zu Pellkartoffeln.

Fitze- oder Schnippelbohnen – grüne Schneidebohnen, die man auf schräge Stücke schneidet („fitzt" oder „schnippelt") und zur Haltbarmachung milchsauer vergären lässt.

Hottenägger – Rührei („gehottelt" bedeutet so viel wie „geronnen").

Kannemelk – Buttermilch. Das säuerliche Getränk entstand in großen Mengen als Nebenprodukt beim Buttermachen auf dem Hof. Neben „dike Melk", einer Art Dickmilch, aß man die Buttermilch auch gerne mit Zucker und Zimt als erfrischende Nachspeise oder zum Abendbrot.

Kapps – Weißkohl war früher neben Kartoffeln, Möhren und Bohnen eines der wichtigsten Gemüse im Bauerngarten, denn er ließ sich gut einlagern oder auch als Sauerkraut haltbar machen.

Knabbeln – getrocknete Weißbrotreste verwendete man als Einlage in Milchsuppen oder stippte sie in den Kaffee. „Knabbeln" steht im engeren Sinne für „nagen".

Krutt – ein aus Äpfeln, Birnen oder Zuckerrüben hergestellter Zuckersirup. Er erfreut sich noch heute als Beilage zu Pfannkuchen großer Beliebtheit und ist auch Bestandteil des Pumpernickels.

Münsterländer Töttchen („Mönsterk Töttken") – eine Art süß-saures Ragout, das traditionell aus Kalbfleisch, Kalbszunge und Innereien besteht.

Potthast – der Name dieses Schmorgulaschs, meist auch als Pfefferpotthast bekannt, setzt sich aus Pott (ein Topf) und Hast (ein Stück Rindfleisch) zusammen. Zwiebeln und Lorbeer sind die geschmackliche Note, die ihn verfeinern.

Pumpernickel – rund um die lange gegarte Westfälische Brotspezialität ranken sich viele Legenden. Fakt ist, dass das süßliche Roggenvollkornbrot zunächst bei hoher Temperatur in einem geschlossenen Kasten angebacken und dann in Dampfbackkammern über 16 bis 24 Stunden lang bei nur 100° C zu Ende gegart wird. Das Bauernschwarzbrot („Schwottbrood") kommt als bis zu 20 Kilogramm schwerer, rechteckiger Laib aus dem Ofen und wird gerne mit Westfälischem Knochenschinken gereicht. Was „Pumpernickel“ bedeutet, ist nicht genau belegt. Der Name könnte ein Schimpfwort für einen groben Menschen oder Flegel gewesen sein.

Schraumen oder Schröwwekes – Grieben, die Speckstückchen der Leder- und Letthaut von Schweinen lässt man gerne mit Äpfeln und Zwiebeln aus und gibt sie mit Gewürzen in einen Schmalzaufstrich.

Su(u)rmoos – Sauerkraut, für einen Vorrat an Wintergemüse stampfte man früher fein gehobelten Weißkohl, aber auch grüne Bohnen und Möhren mit Salz in ein Steinfass ein. Durch Milchsäuregärung wurde das Gemüse haltbar.

Struwen, Püfferchen, Olliekräppkes, -krappen – kleine dicke Hefepfannkuchen mit Rosinen, die man traditionell als Karfreitagsessen reicht.

Warmbeer – Biersuppen waren neben Milchsuppen früher eine beliebte Frühstücks- und Abendspeise.

Wachölderken – Wacholderbranntwein, den man gerne neben Münsterländer Korn und einem „Uppgesatten“ (selbstangesetzter Obstlikör) nach einem deftigen Essen genießt.

Westfälisches Himmelreich – Trockenobst, das man mit Zucker und Weißwein aufkocht und als Sauce zu Nachspeisen reicht. Besonders gerne trocknete man früher neben Pflaumen („Pruumen“) auch Apfel- und Birnenscheiben, die man „Schrutseln“ nennt.

Wotteln – Möhren. Besonders der Kartoffel-Möhreneintopf mit Mettwurst erfreute sich im Winter großer Beliebtheit

Wurste-/Wopken-/Punske-/Mopken- und Leberbrot (auch Möppke- un Liarberbraut), Panhas oder Bloatkoken – traditionelle Fleisch- und Wurstspezialitäten, die aus Schlachtabfällen und Mehlgrützen hergestellt werden. Kross gebraten isst man sie noch heute gerne zu Pumpernickel oder Stampfkartoffel-Gerichten.

AUS DEM BAUERNGARTEN

AUFSTRICHE, SALATE UND EINGELEGTES

Vielfalt aus eigener Ernte

Der Ausspruch „Wer einen Garten hat, ist ein reicher Mann" trifft vor allem auf den klassischen Bauerngarten zu. Viele Bauernhöfe bewirtschafteten früher einen Nutzgarten, der die Grundzutaten für die Versorgung der Familie hervorbrachte. Neben Kartoffeln bauten die Selbstversorger gerne robuste Gemüse wie Kohl, Wurzelgemüse oder Bohnen an. Diese konnten die Haushalte entweder in Erd- oder Holzmieten mit Sand einkellern oder aber durch Einstampfen mit Salz in einem Steinfass für den Winter milchsauer einlegen. Für die Sommerküche pflanzten die Familien verschiedene Kopfsalate und für den Winter einige Reihen Endivien und Feldsalat. Auch Gurken, Radieschen, Rettich und Tomaten sind bis heute in den privaten Gemüsegärten der Region zu Hause und erfreuen sich großer Beliebtheit.

Obst für die Einmachküche

Eigene Obstbäume wie Kirsche, Pflaume, Mirabelle, Apfel und Birne lieferten über das Frischobst hinaus ausreichend Ertrag für die Einmachküche. Während man Steinobst gerne zu Kompott und Mus verarbeitete, waren Äpfel und Birnen so ertragreich, dass sich die Früchte auch zum Trocknen der Fruchtschnitzel, zum Entsaften und zum Sirup- und Krautkochen eigneten.
Im Sommer zur Hochsaison der grünen Salate waren viele Gartenkräuter wie Dill oder Borretsch so weit, dass die Hausfrau sie auch zum Einwecken von knackigen Gürkchen und Zwiebeln für einen würzigen Essigsud nutzen konnte.

Gewürz- und Heilkräuter

Nicht nur als Gewürzkräuter, sondern auch als Heilkräuter spielten Pfefferminze, Salbei, Liebstöckel, Schnittlauch, Petersilie, Rosmarin, Thymian oder Majoran in früheren Zeiten eine bedeutende Rolle. Da die Landbevölkerung selten einen Arzt aufsuchen konnte, heilte man kleinere Verletzungen und Zipperlein selbst. So wussten sich die Familien bei Erkältungen zum Beispiel auf mannigfache Weise mit Holunder zu helfen. Holunderblüten enthalten – genau wie Schmerztabletten – Salicylsäure, die schweißtreibend, entzündungshemmend und fiebersenkend wirkt. Neben Holunderblüten-Tee ist auch Holunderblütensirup wohltuend bei Erkältungen. Die Rinde, von jungen Zweigen geerntet, und auch Blätter sind beliebt als Badezusatz und Tee bei Rheuma und Gicht. Der Volksmund bezeichnet den Echten Holunder nicht umsonst als „Apotheke des kleinen Mannes".

Traditionelle Gärten entdecken

Verschiedentlich, wie zum Beispiel im Schaugarten der Uni Münster, im Kreislehrgarten Steinfurt oder auch bei Heimatvereinen, kann man noch Bauerngärten nach altem Vorbild finden. Sowohl die traditionelle Gestaltung der Beete als auch das Wissen um alte und standortangepasste Sorten weckt heute das Interesse vieler Hobbygärtner.

EINGELEGTE DILLGURKEN

für etwa 10 Gläser

Zutaten

2,5 kg Einlegegurken (kleine bis mittlere Größe)
Salzwasser (100 g Salz mit Wasser aufgießen)
80 g weiße Pfefferkörner
2 Bund Dill und Dillblüten
4 Lorbeerblätter
100 g kleine Zwiebeln
800 ml Weinessig (5 Prozent Säure)
2 EL Salz
400 g Zucker

Zubereitung

Die Gurken waschen und abbürsten. Das Gemüse über Nacht vollständig bedeckt in Salzwasser liegen lassen, danach abspülen und abtrocknen. Die Zwiebeln schälen und mit den Gurken in einen Steintopf oder Schraubgläser geben. Weinessig mit einem Liter Wasser, den Gewürzen sowie Salz und Zucker aufkochen. Den heißen Sud über die Gurken gießen, sodass diese vollständig bedeckt sind und sofort verschließen.

Gut zu wissen!

Den Topf oder die Gläser kühl und dunkel lagern. Die Gurken sind 6–12 Monate haltbar. Vor dem Verzehr sollten sie gute vier Wochen durchziehen.

TIPP

Das Rezept eignet sich auch zum Einlegen von Gurkenscheiben: Größere Landgurken nach Belieben schälen und in Scheiben schneiden. Diese mit Salz bestreuen und 20 Minuten im Wasser ziehen lassen. Das Wasser abgießen und weiter verfahren wie oben beschrieben.

APFEL-SELLERIESALAT

für 4 Personen

Zutaten

4 Äpfel (vorzugsweise süß-säuerliche Sorten wie Berlepsch oder Elstar)
1 Sellerieknolle
4–6 EL Joghurt oder Schmand
2 EL Essig
Salz, Pfeffer, Zucker
Petersilie und Apfelscheiben für die Dekoration

Gut zu wissen!

Wer ein Stück Suppen- oder Bratenfleisch und Pellkartoffeln übrig hat, kann die Zutaten ebenso in Würfel schneiden und mit in den Salat geben. Rindfleischsalat mit Sellerie war besonders zu Festtagen mit einer Mayonnaise angemacht sehr beliebt. Das Rezept für selbstgemachte Mayonnaise finden Sie beim Rezept für Wurstsalat.

TIPP

Für die Dekoration der Salatschüssel eignen sich die Blätter der Knollensellerie hervorragend.

Zubereitung

Die Sellerieknolle schälen und in 1 cm dicke Scheiben schneiden. Die Scheiben in etwas Salzwasser knapp gar kochen und abkühlen lassen. Die Äpfel schälen und vierteln. Das Kerngehäuse entfernen und die Viertel in kleine Würfel schneiden. Auch die Scheiben der gekochten Sellerie in Würfel schneiden. Aus Joghurt, Essig, Salz und Pfeffer ein Dressing rühren und über die Würfel geben. Mit Salz, Pfeffer und Zucker abschmecken und gut durchziehen lassen. Mit Petersilie und Apfelscheiben dekorieren.

GRIEBENSCHMALZ

für ein Glas à 400 ml

Zutaten

250 g Flomen vom Schwein
oder 125 g Gänseflomen und
65 g Schweineflomen
50 g Schinkenwürfel
250 g Speck, fein gewürfelt
1 kleiner feinsäuerlicher Apfel, fein gewürfelt
½ Zwiebel, fein gewürfelt
1 TL getrockneter oder ein Töpfchen frischer Majoran (trockengetupfte, entstielte Blättchen)
1 EL Öl
einige Prisen Salz

Zubereitung

Schinkenwürfel in Öl knusprig braten und aus der Pfanne nehmen. Speck zusammen mit dem Flomen langsam erhitzen. Sobald die Speck-Grieben bräunen, die Zwiebel- und Apfelstücke zugeben und mitbräunen lassen. Schmalz vom Feuer nehmen und Schinkenwürfel sowie Kräuter zugeben. Die Masse abschmecken und abkühlen lassen. In ein Schraubglas oder eine Servierschale füllen. Gekühlt hält sich das Schmalz über mehrere Wochen im Kühlschrank.

Gut zu wissen!

Majoran macht fetthaltige Speisen bekömmlicher und regt den Appetit an. Gerne verwendet man das Gartengewürz daher in der Wurstküche.

TIPP

Dazu passt ein Roggenvollkorn-Brot oder Pumpernickel. Mit dem Schmalz lassen sich im Winter außerdem Kohl- und Fleischgerichte verfeinern.

WINTERSALAT

für 4 Personen

Zutaten

200 g Feldsalat
300 g gekochte Kartoffeln
100 g Apfel
100 g gekochte Rote Bete
100 g eingelegte Gurken
2 weich gekochte Eier
200 ml saure Sahne
4 EL Weinessig
Salz, Pfeffer, Zucker

Zubereitung

Den Feldsalat verlesen und waschen. Kartoffeln, Apfel, Rote Bete und Gurken in Scheiben schneiden, die Eier achteln und zusammen mit dem Feldsalat in kleinen Schüsseln anrichten. Aus den übrigen Zutaten eine Salatsauce rühren und über den Salat geben.

Gut zu wissen!

Man reicht den Salat gerne mit warmem Braten, zu kalten Fleischplatten oder auch zu Hering.

GURKENSALAT

für 4 Personen

Zutaten

1 kg Salatgurken
250 ml Sauerrahm oder süße Sahne
Saft einer halben Zitrone
2 EL Öl
Salz, Pfeffer, Zucker
gehackter Dill oder andere frische Gartenkräuter

Zubereitung

Die Gurken waschen und nach Belieben schälen und in feine Scheiben schneiden. Mit etwas Salz bestreuen und gut 20 Minuten durchziehen lassen. Den ausgetretenen Saft abgießen und die Gurken mit einer Sauce aus Sauerrahm, Zitronensaft und Öl vermengen. Mit Salz, Pfeffer und Zucker abschmecken und mit den Kräutern verfeinern.

Gut zu wissen!

Gerne würzt man den Gurkensalat auch mit Kümmel. Man gibt statt der Kräuter dann etwa 2 EL getrockneten Kümmel in die Salatsauce.

TIPP

Ebenso kann man Rettich, Radieschen oder Mairübchen nach diesem Rezept bereiten.

WEISSER BOHNENSALAT

für 4 Personen

Zutaten

400 g weiße Bohnen (frische, getrocknete oder Dosenware)
1 fein geschnittene kleine Zwiebel
4 EL Essig
2 EL ÖL
Salz und Zucker
Petersilie
Malven- oder andere essbare Blüten

Gut zu wissen!

Auch dicke Bohnen („Graute Bauhnen“) eignen sich für dieses Rezept.

TIPP

Wer mag, kann dem Salat angeröstete Schinkenspeckwürfel zufügen.

Zubereitung

Die getrockneten Bohnen über Nacht in Wasser einweichen. Am nächsten Tag abgießen und in frischem Salzwasser gar kochen. Frische Ware ebenso garen und abkühlen lassen. Dosenware abschütten und abtropfen lassen. Aus den weiteren Zutaten eine Vinaigrette rühren und die Bohnen darin einige Stunden vor dem Verzehr durchziehen lassen. Mit geschnittener Petersilie und – je nach Jahreszeit – mit essbaren Blüten dekorieren.

WURSTSALAT
MIT SELBST GEMACHTER MAYONNAISE

für 4–6 Personen

Zutaten

Für den Salat
400 g gekochter Schinken oder Fleischwurst
4 Pellkartoffeln vom Vortag
2 Äpfel
200 g saure Gurken
Essigwasser der eingelegten Gurken
Salz, Pfeffer, Zucker
Fein gehackte Petersilie

Für die Mayonnaise
2 Eigelbe (extra frische Qualität)
2 EL Senf
250 ml Sonnenblumen- oder Rapsöl
1–2 EL Essig oder Zitronensaft
Salz, Pfeffer, Zucker

Für die Dekoration
Hart gekochte Eier nach Belieben
kleine Tomaten
Petersilie

Zubereitung

Die Zutaten für den Salat in feine Streifen und Würfel schneiden.
Für die Mayonnaise die Eigelbe in einer Schüssel schaumig aufschlagen. Einen Esslöffel Senf zugeben und langsam das Öl und den zweiten Esslöffel Senf einfließen lassen und unterrühren. Die Mayonnaise mit Essig oder Zitronensaft und den Gewürzen abschmecken.
Den Salat mit der selbst gemachten Mayonnaise und der fein gehackten Petersilie vermengen und mit etwas Essigwasser, Salz, Pfeffer und Zucker abschmecken.

TIPP

Der Wurstsalat passt gut zum Abendbrot. In Bügelgläsern angerichtet, ist er auch fürs Picknick oder die Grillsaison eine Bereicherung.

MÖHRENSALAT

für 4 Personen

Zutaten

400 g Möhren
125 ml Sahne
1 fein gehackte Zwiebel
2 EL Essig
½ TL Senf
½ TL Zucker
Salz und Pfeffer
Petersilie oder Schnittlauch nach Belieben

Gut zu wissen!

Der Möhrensalat ist eine vitaminreiche Beilage zum Abendbrot. Besonders gerne werden die „Wotteln" im Münsterland allerdings für Eintöpfe und Suppen verwendet.

Zubereitung

Möhren schälen, in Stücke schnippeln und in Salzwasser knapp gar kochen.
Die Möhren auf einem Sieb abtropfen lassen. Aus den anderen Zutaten eine Salatsauce bereiten und mit den Möhren zu Tisch geben.

BLUMENKOHLSALAT

für 4 Personen

Zutaten

1 Blumenkohl
4 EL Öl
2 EL Weißweinessig
Salz, Pfeffer, Zucker
etwas Zitronensaft
1 fein geschnittene Schalotte
Frisch gehackte Kräuter

Zubereitung

Den Blumenkohl putzen, auf Röschen schneiden und waschen. In Salzwasser nur solange kochen, dass er noch Biss hat. In eine Schüssel geben und abkühlen lassen. Aus den übrigen Zutaten eine Vinaigrette rühren und über die gekochten Röschen geben. Die Kräuter darüberstreuen und servieren.

Gut zu wissen!

Einfache Gemüsesalate wie diese sind in der westfälischen Küche weit verbreitet. Auch anderes Gemüse wie grüne Bohnen, Schwarzwurzeln oder Spargel kann nach diesem Prinzip zubereitet werden.

TIPP

In Omas Suppenschüssel angerichtet, ist der Blumenkohlsalat ein Hingucker für jedes Salatbuffet.

HERINGSSALAT

für 4–6 Personen

Zutaten

600 g Heringsfilets
300 g Pellkartoffeln
200 g Rote Bete aus dem Glas
3 Äpfel
200 g saure Gurken
2 Zwiebeln

Für die Marinade
300 g Mayonnaise
300 g Schmand
Etwas Essig-Sud von den eingelegten Gurken und Roten Beten
Salz, Pfeffer, Zucker

Für die Dekoration
Petersilie

Gut zu wissen!

Je nach Salzgehalt die Heringsfilets vor der Zubereitung einige Stunden wässern.

TIPP

Wer es besonders reichhaltig mag, kann auch noch kleine Würfel von gekochtem Rindfleisch und Eiern mit in den Salat geben.

Zubereitung

Saure Gurken und Rote Bete auf einem Sieb abtropfen lassen – den Essigsud auffangen. Die Äpfel und die Zwiebeln schälen und fein würfeln. Heringsfilet, Pellkartoffeln, Rote Bete und saure Gurken ebenso in kleine Würfel oder feine Scheiben schneiden. Aus den angegebenen Zutaten eine Marinade herstellen und mit Essig-Sud und Gewürzen abschmecken. Die klein gewürfelten Zutaten mit der Marinade vermengen und vor dem Servieren bis zu zwei Tage gut durchziehen lassen. Mit Petersilie dekorieren.

SCHNITTLAUCHBUTTER

für 1 Glas

Zutaten

250 g weiche, mild gesäuerte Butter
1 zerdrückte Knoblauchzehe
1 kleiner Bund Schnittlauch
Salz, Pfeffer

Gut zu wissen!

Zum Rollen sollte die Butter nicht zu weich sein und nach dem Rollen noch einmal kalt gestellt werden.

TIPP

Man kann die Butter für kalte Buffets und Brotzeit-Platten zu Kugeln rollen.
Die Butter am besten nur würzen und kurz kalt stellen. Dann kleine Butterstücke abstechen und mit den Händen zu Kugeln rollen und in Schnittlauchröllchen wälzen.

Zubereitung

Den Schnittlauch waschen, abtrocknen und auf feine Röllchen schneiden. Die Butter mit Salz, Pfeffer und Knoblauch abschmecken und den Schnittlauch unterheben.

KARTOFFELSALAT

für 4–6 Personen

Zutaten

1200 g festkochende Kartoffeln
200 g saure Gurken
200 g Mayonnaise
200 g Schmand
2 TL Senf
Essig oder Gurkenbrühe
Gehackte Gartenkräuter
wahlweise dicke Bockwürste
oder hart gekochte Eier

Zubereitung

Die Kartoffeln als Pellkartoffeln garen, auskühlen lassen und pellen. In feine Scheiben schneiden und zusammen mit den Gartenkräutern und einem Gemisch aus Mayonnaise, Schmand, Essig und Senf vermengen. Mit Salz, Pfeffer und Zucker abschmecken.

Gut zu wissen!

Kartoffeln zählen zu den liebsten Speisen der Westfalen und durften früher in keinem Hausgarten fehlen. Die „Äräpel“ reicht man nicht nur als Pell- und Salzkartoffen zu vielen Gerichten, sondern sie sind auch eine unverzichtbare Zutat für Eintopf- und Stampfgerichte. Kartoffelsalat zählt seit eh und je zu den Abendbrot-Klassikern an Feiertagen wie Heilig Abend oder Silvester.

TIPP

Bevorzugen Sie am besten festkochende Kartoffelsorten wie Cilena oder Annabelle für feine Salate, denn sie behalten ihre Struktur und saugen das Dressing nicht auf.

AUS DEM HÜHNERSTALL

KLEINE MAHLZEITEN MIT EI …

… und sonntags auch mal zwei

Eiergerichte erfreuten sich früher großer Beliebtheit, denn fast jeder hielt für die eigene Versorgung mit Eiern und Fleisch ein paar Hühner. Wer frische Eier brauchte, ging hinters Haus in den Hühnerstall. Da die „guten" Eier meist nur für den Verkauf bestimmt waren, griff man für den Eigenbedarf zu den Knickeiern. Die beschädigten Eier mit Knick in der Schale mussten außerdem zügig verbraucht werden. Es lag also nichts näher als sich regelmäßig eine kleine Eiermahlzeit zu gönnen.

Struwen – Rosinen-Küchlein aus Hefeteig

Einfache Eiergerichte wie Rührei, Omelette oder süße Pfannkuchen waren schnell zubereitet und man konnte sie einfach zwischendurch, wenn der kleine Hunger anklopfte, ohne Beilagen essen. Auch altbackenes Brot wurde gerne verwertet, indem man es in Eierkuchenteig tunkte und in etwas Fett ausbackte. Etwas fremdartig für Touristen erscheint wohl die Münsterländer Tradition, auch herzhafte Buchweizenpfannkuchen mit Speck mit süßem Kraut zu bestreichen. Eine besondere Pfannkuchen-Spezialität des Münsterlands sind Struwen, auch Püfferchen oder Ollikrappen oder -kräbbelkes, genannt. Die kleinen, dicken Rosinen-Küchlein aus Hefeteig werden traditionell zum Start und zum Ende der Fastenzeit, gerne mit Weinsuppe, gereicht.

Spezialität mit Geschichte

Erstmalig erwähnt wurden die Stuwen in einer lateinisch abgefassten Urkunde aus dem Jahr 1090. Bischof Erpho von Münster ließ die Äbtissin und die Stiftsdamen des Klosters Freckenhorst wissen, welche Speisen an verschiedenen Feiertagen im Kloster gereicht werden sollten. Wörtlich übersetzt bedeutet das Wort Struwen „etwas Gekräuseltes" und meint die Form der kleinen, in reichlich Fett ausgebackenen Küchlein. Im westlichen Münsterland nennt man das Fettgebäck „Ollikrappen" – was wiederum auf das niederrheinische Wort „krapp" für „hart gebacken" zurückgeht. Nach Geschmack kann man die rund zehn Zentimeter langen Küchlein mit Zimt und Zucker bestreuen oder dem Hefeteig auch Apfelstückchen zugeben.

Struwenessen

Mancherorts veranstalten Vereine und Verbände am Karfreitag nach dem Kreuzweg ein Struwen-Essen und knüpfen gemeinschaftlich an die jahrhundertealte Tradition und das Gebot an, am Todestag des Herren kein Fleisch zu essen. Wer die Struwen, die übrigens auch in Ostwestfalen und am Niederrhein als Brauchtumsgebäck bekannt sind, einmal gegessen hat, wird feststellen, dass sie auch mal zum Sonntagsfrühstück oder -kaffee lecker schmecken.

STRUWEN
(„OLLIKRÄBBELKES“)

für 12–14 Stück

Zutaten

500 g Weizenmehl
400 ml Milch
125 g Zucker
40 g Hefe
½ TL Salz
60 g Butter
1 Ei
125 g Rosinen oder Korinthen
Fett zum Ausbacken

Für die Dekoration
nach Belieben Zimt und Zucker

Für die Weinsuppe
250 ml Wasser
250 ml Wein
100 g Zwieback oder
30 g Speisestärke
60 g Zucker
Salz
1 Stange Zimt
Zitronensaft

Zubereitung

Aus einem Teil des Mehls mit etwas Zucker, lauwarmer Milch und dem Hefewürfel einen Hefevorteig ansetzen. Den Teig gut 20 Minuten ruhen lassen. Dann die anderen Zutaten zum Teig geben und alles gut durchkneten, bis sich der Teig vom Schüsselboden löst. Dabei mit etwas zusätzlichem Mehl aufarbeiten. Abermals rund 60 Minuten gehen lassen.
In einer heißen Pfanne den Teig portionsweise zu kleinen Kuchen ausbacken. Mit Zimt und Zucker bestreuen oder mit Weinsuppe reichen.
Für die Weinsuppe die Zwiebäcke mit der Stange Zimt und dem Salz in das kalte Wasser geben. Dieses langsam zum Kochen bringen, die Masse anschließend durch ein Sieb passieren. Zucker, Wein und Zitronensaft zugeben und die Masse noch einmal kurz anziehen lassen.
Wer die Suppe ohne Zwieback bereiten möchte, lässt zunächst die Flüssigkeit mit Zucker und Gewürzen aufkochen und gibt dann die kalt angerührte Speisestärke zu.

Gut zu wissen!

Geben Sie immer reichlich Fett in die Pfanne. Die Küchlein sollten schwimmend ausgebacken werden.

TIPP

Struwen schmecken auch lecker, wenn sie mit Buchweizenmehl oder kleinen Apfelstücken bereitet werden.

BUCHWEIZENPFANNKUCHEN
(„BAUKWAITEN-HENRICH")

für 6 Stück

Zutaten

125 g Buchweizenmehl
250 ml kalter Kaffee oder Buttermilch
1 Ei
1 TL Salz
50 g Speck auf Scheiben
Fett für die Pfanne

TIPP

Den „Buckweitenpannekoken" reicht man mit Rübenkraut und Pumpernickel oder mit grünem Salat, Graubrot und Butter. Statt Speck können auch Äpfel und Rosinen für den Teig verwendet werden.

Gut zu wissen!

Das Gericht stammt aus der Zeit der Wanderarbeiter, die sich unterwegs am offenen Feuer eine Mahlzeit bereiteten. Die Münsterländer Heuerlinge waren selbstständige Landwirte, die im Sommer nach Holland zum Torfstechen gingen, um ein Zubrot für ihre Familien zu verdienen. Auch unter dem Namen „Bo(o)kwaiten Jan-Hinnerk" kennt man das Gericht – welches so häufig gegessen wurde wie die Namen Johannes und Heinrich vorkamen.

Zubereitung

Buchweizenmehl mit Kaffee, Ei und Salz verrühren. Den Teig eine gute halbe Stunde ruhen lassen. Speck in der Pfanne auslassen und den Teig portionsweise zu kleinen Küchlein ausbacken.

BAUERNOMELETTE
MIT KARTOFFELN UND SPECK

für 2 Personen

Zutaten

2 Pellkartoffeln vom Vortag
125 g Knochenschinken oder Schinkenspeck auf Scheiben
1 Zwiebel
4 Eier
3 EL Milch
Salz, Pfeffer, Muskat
Fett für die Pfanne
Frisch gehackte Kräuter

Zubereitung

Die Kartoffeln pellen und in dünne Scheiben schneiden. Die Schinkenspeckscheiben nach Gusto klein schneiden oder im Ganzen belassen. Die Zwiebeln schälen, fein würfeln und in etwas Fett glasig werden lassen. Die Kartoffelscheiben hinzugeben und anbraten. Die Eier mit den Gewürzen verquirlen und die Eiermasse ebenso in die Pfanne geben. Die Schinkenscheiben darauflegen und das Ei bei mittlerer bis kleiner Hitze stocken lassen. Mit Kräutern bestreut servieren.

TIPP

Nach Belieben können auch Gemüse wie Spargel oder Tomaten mit in das Omelette gegeben werden.

RÜHREI MIT FRISCHEN PFIFFERLINGEN
(„HOTTENÄGGER“)

für 2 Personen

Zutaten

400 g frische Pfifferlinge
4 Eier
etwas Milch oder Sahne
1 Bund Schnittlauch
Butter für die Pfanne
Salz, Pfeffer
gehackte Petersilie

Zubereitung

Die Pfifferlinge mit einem Pinsel putzen und trocken abreiben. Größere Pilze halbieren oder vierteln. Den Schnittlauch waschen, trocken schütteln und in Röllchen schneiden. Die Pfifferlinge in der Pfanne in etwas Butter anbraten. In der Zwischenzeit die Eier aufschlagen und mit etwas Milch oder Sahne verquirlen. Die Masse mit Salz, Pfeffer und Schnittlauch abschmecken und zu den Pfifferlingen in die Pfanne geben. Die Eiermasse unter Rühren stocken lassen.

Gut zu wissen!

Frische Pfifferlinge haben von Juni bis November Saison. In einer Papiertüte halten sie ihre Frische bis zu einer Woche im Kühlschrank. Wer die Saison verpasst hat, kann ganzjährig eingelegte oder getrocknete Ware erhalten. Getrocknete Pfifferlinge müssen vor der Verarbeitung eine gute Stunde in Wasser eingelegt werden.

TIPP

Das Rührei zusammen mit Brot, Schnittlauchbutter (siehe Rezept im Kapitel „Bauerngarten“), Gürkchen und Tomaten servieren.

PFANNKUCHEN MIT SCHINKENSTREIFEN

(„PANNEKOKEN MET PILLEWÖRMERN“)

für 2–3 Stück

Zutaten

4 Eier
250 g Mehl
250 ml Milch
etwas Mineralwasser
12 dünne Scheiben Knochenschinken
Fett für die Pfanne

Zubereitung

Die Eier mit Mehl und Milch verquirlen. Etwas Mineralwasser unterrühren und den Teig eine halbe Stunde ruhen lassen. Den Schinken in schmale Streifen schneiden. Für jeden Pfannkuchen einige Schinkenstreifen in der Pfanne kurz anbraten, dann den Teig einfüllen und den Kuchen von beiden Seiten goldgelb ausbacken.

Gut zu wissen!

Die Anekdote zu diesem Gericht lautete so: Baron Alfred von Renesse, ein Münsteraner Original, bestellte einst im Lokal „Pinkus Müller“, das es seit 1816 in Münster gibt, Pfannkuchen mit Regenwürmern. Die Wirtin, die nicht auf den Kopf gefallen war, brachte ihm zur Belustigung der Gäste das geforderte Mahl. Sie schnitt für den „Pannekoken mit Pillewörmern“ Knochenschinken in schmale Streifen und briet sie in der Pfanne, übergoss sie dann mit Pfannkuchenteig. Das neue Gericht wurde, wie sollte es anders sein, mit reichlich Bier und Korn gefeiert und ist bis heute eine Spezialität auf der Karte.

TIPP

Mit grünem Salat und einem Münsteraner Bier servieren.

REIBEKUCHEN
(„ÄRPELPLÄÄTZKES“)

für 12–14 Küchlein

Zutaten

1000 g Kartoffeln
2 Eier
wahlweise 1 Zwiebel
2–3 EL feine Haferflocken
Salz, Pfeffer
Fett zum Ausbacken

Zubereitung

Die Kartoffeln schälen und auf einer Reibe fein raspeln. Die Kartoffelmasse auspressen oder in einem Sieb abtropfen lassen, sodass die Flüssigkeit entweicht.
Die Zwiebel fein hacken. Zusammen mit den Kartoffeln und den restlichen Zutaten zu einem Teig rühren und portionsweise im heißen Fett zu kleinen Kuchen ausbacken. Auf einem Küchenkrepp abtropfen lassen. Sofort servieren oder im Backofen warm stellen.

Gut zu wissen!

Im Münsterland reicht man gerne Schwarzbrot und Apfelmus oder Kraut zu Reibekuchen. Auch Schinken passte zum Reibekuchen mit Butterbrot.

OBSTPFANNKUCHEN

für 4 Stück

Zutaten

100 g Mehl
250 g Milch
2 Eier
1 EL Zucker
eine Prise Salz
Frische Brombeeren, entsteinte und geviertelte Pflaumen, Kirschen oder klein geschnittene Apfelstücke
Fett zum Ausbacken

Zubereitung

Mehl, Milch, Eier, Zucker und Salz zu einem geschmeidigen Teig verrühren. Den Teig etwas ruhen lassen. Eine Pfanne mit Fett erhitzen. Den Teig portionsweise zu Küchlein verarbeiten. Dabei das vorbereitete Obst auf die Küchlein geben und diese von beiden Seiten goldgelb backen.

Gut zu wissen!

Auf vielen Bauernhöfen wurden Obst- oder auch Speckpfannekuchen mittags und abends anstatt Fleisch gereicht. Mittags genoss man die Pfannkuchen zu Eintöpfen, abends zu gebuttertem Stuten.

TIPP

Wer die Küchlein gerne fluffiger mag, trennt die Eier und hebt kurz vor dem Backen Eischnee unter den Teig.

QUARKPÜFFERCHEN

für 6–8 Püfferchen

Zutaten

250 g Speisequark
3 EL Weizenmehl
2 Eier
2 EL Zucker
Etwas Zitronensaft
Fett für die Pfanne

Zubereitung

Den Quark mit Mehl, Eiern, Zucker und Zitronensaft verrühren. Fett in eine Pfanne erhitzen und den Teig portionsweise ausbacken.

TIPP

Die Püfferchen schmecken besonders gut mit Erdbeerkompott.

Gut zu wissen!

Erdbeerkompott ist auf kaltem Wege schnell zubereitet. Man wäscht frische Erdbeeren, putzt sie und schneidet sie in Viertel. Einen Teil der Masse stampft oder püriert man mit etwas Zucker und Zitronensaft und gibt dann die Viertel zu dem Mus. Wer mag, kann das Kompott auch mit Honig oder Holunderblütensirup verfeinern.

WIRSINGTARTE MIT METTWURST

für eine Springform (Durchmesser 28 cm)

Zutaten

380 g Weizenvollkorn- oder Dinkelmehl
1 Prise Salz
2 große oder
3 kleine Eier
200 g weiche Butter
Mehl zum Aufarbeiten des Teigs

Für die Füllung

½ Wirsing, in Streifen geschnitten
2 gewürfelte Zwiebeln
1–2 zerdrückte Knoblauchzehen
150 g gewürfelter Schinkenspeck
2 Mettenden, in Scheiben geschnitten
6 große oder 9 kleine Eier
125 ml Sahne
Salz, Pfeffer, Muskat
Butter
Ausstechförmchen für die Deko

Zubereitung

Die Zutaten für den Teig miteinander verkneten, bis ein geschmeidiger Teig entsteht. Den Teig eine halbe Stunde kühl stellen und anschließend mit etwas Mehl aufarbeiten. Ein Viertel des Teigs zurückbehalten für die Dekoration. Den restlichen Teig ausrollen und in eine gefettete Springform legen, dabei die Teigränder hochziehen. Die Wirsingstreifen zusammen mit den Zwiebel- und Speckwürfeln in einer Pfanne in etwas Butter dünsten. Eier aufschlagen und mit Sahne verquirlen und würzen. Die Gemüsemasse in die Springform einfüllen und fest andrücken. Mit der Eiermilch übergießen. 1–2 EL der Eiermilch zum Bestreichen der Dekoration zurückbehalten. Für die Dekoration aus dem beiseitegelegten Teig kleine Plätzchen ausstechen und diese auf die Tarte geben, mit etwas Eiermilch bepinseln.
Die Tarte bei 175° C Umluft eine gute Stunde goldgelb backen.

Gut zu wissen!

Mit der anderen Hälfte des Kohls können Sie einen leckeren Wirsingeintopf bereiten! Das Rezept dafür finden Sie auch in diesem Buch.

TIPP

Mit einem Salat servieren!

EIERSALAT
MIT SPARGEL UND SCHINKEN

für 4–6 Personen

Zutaten

8 weich gekochte Eier
300 g Spargel, Dosen- oder Frischware
250 g Champignons, Dosen- oder Frischware
200 g Erbsen, Dosen- oder Frischware
80 g gekochter Schinken
5 EL Naturjoghurt
5 EL Mayonnaise
Essig
Pfeffer, Salz, Zucker
Gehackte Gartenkräuter

Gut zu wissen!

Je nach Kochdauer unterscheidet man zwischen harten, kernweichen und weichen Eiern. Hart gekochte Eier haben eine Kochzeit von etwa 8 bis 10 Minuten, kernweiche benötigen etwa 6 bis 8 Minuten und bei weich gekochten Eiern beträgt die Garzeit etwa 3 bis 5 Minuten.

TIPP

Dazu passt geröstetes Brot.

Zubereitung

Spargel schälen, in 3 cm lange Stücke schneiden und in etwas Salzwasser mit Zitrone rund 15 Minuten garen lassen. Erbsen aus den Hülsen lösen und ebenso in etwas Salzwasser garen. Beides abgießen und abkühlen lassen. Frische Champignons putzen, in Scheiben schneiden und dünsten, ebenso abkühlen lassen. Wenn eingemachte Ware verwendet wird, diese auf einem Sieb gut abtropfen lassen. Die gekochten Eier pellen und in Scheiben schneiden. Den gekochten Schinken in Streifen schneiden. Aus den restlichen Zutaten eine Marinade rühren und die vorbereiteten Gemüse und den Schinken leicht untermengen.

ARME RITTER

für 4 Personen

TIPP

Wer es noch gehaltvoller mag, kann Brot-Pfannkuchen oder „Altwestfälische Zwiebackschnitten" bereiten. Man taucht Brot- oder Zwiebackscheiben zunächst in gezuckerte Milch und rührt zusätzlich einen Eierkuchenteig an an (siehe Rezept Obstpfannkuchen S. 32). Nachdem die Brotscheiben angebraten sind, gibt man den Eierkuchenteig portionsweise darüber und bäckt die Brot-Pfannkuchen bei mittlerer Hitze von beiden Seiten goldgelb.

Zutaten

4 dicke Scheiben altbackenes Kastenweißbrot oder alternativ Zwieback
400 ml Milch
4 Eier
Salz, Zucker, Zimt

Zubereitung

Die Eier mit der Milch verquirlen und in einen Suppenteller geben. Die Brotscheiben in der Mitte durchschneiden und nacheinander kurz in die Eiermasse eintauchen. Eine Pfanne mit ausreichend Fett erhitzen und die Brotscheiben von beiden Seiten goldgelb ausbacken. Mit Zimt und Zucker bestreuen und mit Vanillesauce (siehe Rezept für „Zwiebackpudding") servieren.

GRIESSAUFLAUF MIT ÄPFELN

für 1 Auflaufform oder 8–12 Torteletttformen

Zutaten

3 Eigelbe
3 Eiweiß
100 g Zucker
1 Päckchen Vanillezucker
etwas abgeriebene Zitronenschale
1 Prise Salz
75–150 g Grieß (je nach Feuchtigkeit der Äpfel)
2 TL Backpulver
500 g Äpfel (Elstar oder Boskoop)

Zubereitung

Das Eiweiß mit einer Prise Salz aufschlagen. Die angegebenen Zutaten zu einer Masse verrühren und das Eiweiß vorsichtig unterheben. Äpfel schälen und in kleine Stücke schneiden oder reiben. Ebenfalls unter die Masse ziehen. Eine Auflaufform oder Tortelettförmchen einfetten und die Masse einfüllen. Bei 160° C Umluft rund 40 Minuten backen, bis die Oberfläche goldbraun ist. Mit Puderzucker bestreut servieren.
Wer möchte, kann zur Deko noch einen Apfel in Ringe schneiden und die Scheiben vor dem Backen auf den Auflauf geben. Die ausgesparten Flächen lassen sich mit Kirsch- oder Johannisbeergelee füllen.

Gut zu wissen!

Ähnlich bereitete man früher auch mit eingeweichten Brotresten oder zerbröseltem Schwarzbrot süße Brotaufläufe zu.

TIPP

Zum Apfelauflauf passt eine Vanillesauce oder etwas Sahne.

AUS EINEM TOPF
HERZHAFTE UND SÜSSE SUPPEN

Warum Eintopf in der Bauernküche so beliebt ist

Die Bewohner des Münsterlands sind als Suppen- und Eintopfliebhaber bekannt. Besonders in der Bauernküche nehmen Gerichte aus einem Topf einen großen Stellenwert ein. Einerseits hatte man früher unter der Woche wenig Zeit zum Kochen, andererseits halfen einfache Suppen auf Basis von Gartengemüse oder Milch, teure Zutaten oder auch kostbares Brot einzusparen. Denn Letzteres wurde nur alle zwei bis drei Wochen frisch im Hof- oder Dorfbackofen gebacken.

Für jede Gelegenheit die richtige Suppe

Kräftige Suppen auf Basis von Fleisch und Fett waren besonderen Anlässen wie Familienfesten vorbehalten. An gewöhnlichen Tagen bereitete man daher eine sättigende Gemüsesuppe mit weißen Bohnen, Erbsen oder Linsen, Kartoffeln oder Graupen. Gerne gab die Hausfrau den Suppen mit Rippchen, Bauchfleisch, Mettenden oder übrig gebliebenen Fleischabschnitten eine besondere Note. In den Wintermonaten kochten die Familien früher – neben eingemachtem Sauerkraut, Schnibbelbohnen und Möhren aus dem Steintopf – nach dem ersten Frost auch gerne frischen Grünkohl. Diesen machte man mit reichlich Schmalz an, sodass er glänzte. In einigen Gegenden des Münsterlands lassen die Köche auch einige Birnen in dem leicht herben Kohlgemüse mitkochen, damit es milder wird.

Dicke Bohnen mit Speck

Im Sommer rühmen Genießer die „Grau(h)ten Baunen". Die dicken Bohnen mit Speck zählen bis heute zu den bekanntesten Gerichten Westfalens. Bevor die Bohnen in den Eintopf kommen, muss man sie zunächst aus den Hülsen herauslösen und in etwas Salzwasser garkochen. Erst dann werden Speck und Zwiebeln ausgelassen und man rührt mit Butter, etwas Mehl und dem Gemüsewasser eine Mehlschwitze. Indem die Bauersfrauen die dicken Bohnen oder auch andere Gemüse mit gekochten Kartoffelstücken unter die Mehlschwitze mengten, bereiteten sie die sättigenden „Durcheinander"-Gerichte. Man schmeckte mit Salz, Pfeffer und Kräutern wie Bohnenkraut sowie Essig ab. Mancherorts aßen die Münsterländer die Kartoffeln auch getrennt zum Gemüse und ließen den Speck am Stück mitkochen. Heute sind neben Eintöpfen auch zeitsparende Aufläufe mit Käse- oder Sahnesaucen, wie zum Beispiel Rosenkohlauflauf, in der Alltagsküche beliebt.

Süße Suppen am Morgen und am Abend

Bei den Milchsuppen, die gerne zum Frühstück und zum Abendbrot gereicht wurden, zählen Grießmehl- und Reissuppen, Knabbeln, also in Milch eingebrockte getrocknete Stuten- oder Zwiebackstücke, und Biersuppe („Warmbeer") zu den bekanntesten. Gerne reichte die Hausfrau sie mit eingemachtem oder getrocknetem Obst oder Zimtzucker.

SAUERKRAUTEINTOPF

für 4 Personen

Zutaten

1 kg Sauerkraut
1 kg Kartoffeln
40 g Schweine- oder Gänseschmalz
40 g Butter
2 Zwiebeln
4 Mettwürstchen
Salz, Pfeffer, Zucker
Wacholderbeeren
Pimentkörner
Lorbeerblätter
Wahlweise Paprikapulver edelsüß oder scharf
500 g dicke Rippe, Schweinebauch oder Mettwürstchen

Zubereitung

Das Sauerkraut in einem großen Topf mit etwas Wasser erhitzen, eine kleine Menge Sauerkraut zur Seite stellen. Diese wird später roh dazugegeben. Zwiebeln und Kartoffeln schälen, klein schneiden und in den Topf geben. Das Schmalz und die Butter darübergeben. Mit Salz, Pfeffer und etwas Zucker würzen und die Wacholderbeeren, Pimentkörner und Lorbeerblätter dazugeben, nach Geschmack auch etwas Paprikapulver edelsüß oder scharf. Zum Schluss das Fleisch oben auflegen und das Ganze bei kleiner Hitze rund anderthalb Stunden köcheln lassen. Bei Bedarf ab und zu Wasser auffüllen, damit der Eintopf nicht anbrennt. Zum Schluss noch einmal mit Salz und Pfeffer abschmecken und das restliche rohe Sauerkraut untermengen. Alles kurz durchziehen lassen und servieren.

Gut zu wissen!

Eintöpfe lassen sich gut vorbereiten und schmecken auch am nächsten Tag aufgewärmt sehr gut. Reste können ebenso unkompliziert eingefroren und ein anderes Mal aufgewärmt werden.

TIPP

Je nach persönlicher Vorliebe lässt sich das Verhältnis Sauerkraut zu Kartoffeln auch variieren.

SCHNIBBELBOHNENEINTOPF
(„FITZEBOHNEN MIT SPECK")

für 4 Personen

Zutaten

1 kg Kartoffeln
1 l Brühe oder leicht gesalzenes Wasser
3 EL Butter
500 g frische grüne Gartenbohnen, alternativ dicke Bohnen oder saure Bohnen („Rheinische Schneidebohnen")
80 g geräucherter Schinkenspeck
1 Zwiebel
1 TL Speisestärke
Salz, Pfeffer, Muskat
Essig
Bohnenkraut

Zubereitung

Die frischen grünen Bohnen waschen, abfädeln und auf schräge Stücke schneiden. Die dicken Bohnen aus den Hülsen lösen. Die sauren Bohnen dem Beutel entnehmen und abtropfen lassen. Nach Geschmack die sauren Bohnen etwas wässern, damit sie milder werden. In etwas Wasser die Bohnen etwa 15 Minuten garen und abschütten. Zwiebel und Schinkenspeck in kleine Würfel schneiden und in 1 EL Butter auslassen. Speisestärke in kaltem Wasser auflösen und unter Rühren zugeben. Wenn die Masse andickt, die abgetropften Bohnen zugeben. Mit Salz, Pfeffer und Bohnenkraut abschmecken und warm stellen. Die Kartoffeln schälen und in einer Brühe oder als Salzkartoffeln bereiten. Wenn sie gar sind, mit 2 EL Butter stampfen und das Bohnengemüse darunterheben.

Gut zu wissen!

Zur Spargel- und Bohnenzeit im Juni war der neue Schinken soweit gereift, dass man unter der Woche gerne frische grüne oder auch dicke Bohnen mit Speck bereitete.

TIPP

Dazu passen gekochte Rippchen oder Bauchspeck. Man kann mehlig kochende Kartoffeln auch in der Fleischbrühe garen, stampfen und die Bohnen dann kurz vor Garzeitende ohne Mehlschwitze unterheben.

RÜBEN-KARTOFFELEINTOPF

für 4 Personen

Zutaten

½ Steckrübe
½ Stange Lauch
¼ Sellerie
1 Zwiebel
2 Möhren
6 dicke Kartoffeln
1 l Brühe oder Wasser
Salz, Pfeffer
wahlweise 4 Mettenden oder
500 g Schweinebauch
Fett

Gut zu wissen!

Steckrüben zählen zu den wiederentdeckten alten Gemüsesorten in der Küche. Man kann das Gemüse mit leicht bitterer, nussiger Note in Suppen und Eintöpfen ähnlich verwenden wie Kürbis. Die geriebene Knolle eignet sich ebenfalls für Gemüse-Reibekuchen.

TIPP

Der Eintopf schmeckt auch mit Rotkohl. Statt der Steckrübe einen halben Rotkohl in feine Streifen schneiden und zusätzlich mit Lorbeerblatt, Nelken und Kümmel würzen.

Zubereitung

Die Gemüse putzen, waschen und fein würfeln. In etwas Fett anschwitzen und mit Brühe angießen. Den Schweinebauch zugeben. Kartoffeln schälen und ebenso klein würfeln und dazugeben. Alles im geschlossenen Topf garen lassen. Die Mettwürstchen erst kurz vor Ende der Garzeit zugeben und mitziehen lassen.

KARTOFFELSUPPE

für 4 Personen

Zutaten

2 Zwiebeln
nach Belieben 100 g durchwachsener Speck, gewürfelt
2 Möhren
1/4 Sellerieknolle
1 Stange Lauch
Fett
1200 ml Wasser oder Brühe
750 g Kartoffeln
3 Mettwürste, in Scheiben geschnitten
Sahne
Frische Kräuter

Zubereitung

Das Gemüse putzen und würfeln. Zusammen mit dem Speck in dem Fett anschwitzen, mit Wasser oder Brühe auffüllen. Die geschälten Kartoffelstücke zugeben und weich kochen lassen. Die Suppe pürieren und die Mettwurststücke zugeben, noch etwas ziehen lassen und mit Sahne und Kräutern verfeinern.

Gut zu wissen!

Für Suppen und Eintöpfe eignen sich vorwiegend festkochende bis mehlige Kartoffelsorten am besten. Sie machen die Suppe auch ohne Sahne schön sämig.

TIPP

Besonders raffiniert wird die Suppe, wenn man sie statt mit Mettwurst mit kross gebratenen Schinkenspeckstreifen reicht.

LINSENEINTOPF

für 4 Personen

Zutaten

300 g braune Linsen
Speckabschnitte und geräucherter Bauchspeck nach Belieben
1 Liter Fleischbrühe oder Wasser
2 Zwiebeln
1 Bund Suppengemüse
8 Kartoffeln
1 EL Schmalz
Salz, Pfeffer
Petersilie

Zubereitung

Die Zwiebel schälen und würfeln. Zusammen mit den Speckabschnitten in etwas Schmalz anbraten. Mit der Brühe oder leicht gesalzenem Wasser ablöschen. Den Bauchspeck und die Linsen zugeben. Nach gut zehn Minuten das klein gewürfelte Gemüse zugeben. Mit Salz und Pfeffer würzen. Vor dem Servieren mit gehackter Petersilie überstreuen.

Gut zu wissen!

Getrocknete Erbsen müssen über Nacht in Wasser einweichen und separat vorkochen. Sie kommen ebenso wie die Graupen zum Schluss in den Eintopf.

TIPP

Auch mit Erbsen oder Graupen schmeckt der Eintopf!

WEISSE BOHNENSUPPE

für 4 Personen

Zutaten

375 g weiße getrocknete Bohnen
oder eingemachte Ware
4 l Wasser
Salz, Bohnenkraut, Pfeffer
375 g Lammrippchen oder
4 Bockwürste
3 Möhren
1/4 Sellerieknolle
1 Lauchstange
4 dicke Kartoffeln
Gehackte Petersilie

Gut zu wissen!

Die Bockwürste und auch eingemachte, vorgekochte Bohnen erst kurz vor Garzeitende zugeben und einige Zeit mitziehen lassen.

Zubereitung

Bohnen am Vorabend in 2 l Wasser einweichen. Die Bohnen am nächsten Tag abschütten und in 2 l frischem Wasser mit Salz und Bohnenkraut eine gute Stunde kochen lassen sowie in der Nachwärme noch eine gute Viertelstunde ziehen lassen. Das Fleisch zu den Bohnen geben. Das Gemüse waschen, putzen, in kleine Stücke schneiden und die Suppe kochen lassen, bis alle Zutaten gar sind. Mit Salz und Pfeffer abschmecken. Mit etwas Petersilie bestreut servieren.

TIPP

Auch Bauch, Eisbein oder Abschnitte von Speckschwarten können für die Suppe verwendet werden.

MÖHRENEINTOPF

für 4 Personen

Zutaten

500 g Möhren
500 g Kartoffeln
Fett zum Anbraten
1 l kräftige Fleischbrühe
Salz, Pfeffer und Lorbeerblatt
etwas Zucker oder Honig
Wasser zum Angießen
4 Mettwürste

Zubereitung

Die Möhren, Kartoffeln und Zwiebeln in kleine Würfel schneiden und in etwas Fett anrösten. Bei mittlerer Hitze mit der Fleischbrühe schmoren lassen. Nach einer guten halben Stunde Möhren- und Kartoffelstücke zugeben und würzen. Nach Bedarf etwas Wasser und die Mettwürste zugeben. Kurz vor Ende der Garzeit sollte die Brühe nahezu verkocht sein. Mit etwas Brot und Apfelmus servieren.

Gut zu wissen!

Wotteln (Möhren) waren ein pflegeleichtes Wintergemüse. Einmal in Sandkisten eingekellert, blieben sie den ganzen Winter über frisch.

TIPP

Alternativ zur Mettwurst kann zu diesem Gericht auch Bratwurst gereicht werden.

ROSENKOHLAUFLAUF

für eine Auflaufform

Zutaten

1 kg Rosenkohl
2 EL Butter
125 ml Milch
1 gehäufter EL Mehl
100 g geriebener Gouda
Salz, Pfeffer, Muskatnuss

Zubereitung

Den geputzten und kreuzweise eingeschnittenen Rosenkohl in ca. 1 l Salzwasser garen, sodass er noch bissfest ist. Das Kochwasser abgießen und dabei etwa 250 ml auffangen. Die Butter erhitzen und mit Mehl, Kochwasser und Milch zu einer Bechamel-Sauce rühren. Die Sauce von der Kochplatte nehmen und mit den Gewürzen abschmecken. Käse einrühren. Rosenkohl in eine Auflaufform füllen und die Sauce darübergießen. Den Auflauf etwa 20 Minuten im vorgeheizten Ofen bei 180° C (Unter-Ober-Hitze) überbacken lassen.

TIPP

Dazu schmecken Salzkartoffeln oder ein kräftiges Bauernbaguette.

WIRSINGEINTOPF

für 4 Personen

Zutaten

1 kg Wirsing
1 kg Kartoffeln
3–4 Möhren
1 Zwiebel
2 EL Schmalz
½ l Wasser
Salz, Pfeffer
4 Mettenden

Gut zu wissen!

Auch Weißkohl ist für dieses Rezept beliebt.

TIPP

Der Eintopf schmeckt ebenso mit Hackfleisch oder Bratwurst.

Zubereitung

Zwiebeln und Möhren schälen und grob würfeln. Die Zwiebeln und Möhren im Schmalz anrösten, das in Streifen geschnittene Gemüse und Kartoffelwürfel zugeben, mit leicht gesalzenem Wasser auffüllen. Nach einer halben Stunde die Mettenden zugeben und den Eintopf solange kochen lassen, bis die Kartoffeln gar sind. Nach Bedarf noch etwas Wasser angießen. Den Eintopf mit Salz und Pfeffer abschmecken.

GRÜNKOHLEINTOPF
(„MOOS“)

für 4 Personen

Zutaten

1500 g Grünkohl
60 g Schmalz
500 g Kasseler Rippe, Schweinebauch oder Mettenden
1 kg Kartoffeln
Salz, Pfeffer, Zucker
Winterbirnen nach Geschmack

Zubereitung

Den Grünkohl etwas klein schneiden, waschen und in Salzwasser ankochen, sodass er zusammenfällt. Den Kohl dann auf ein Sieb geben und in mundgerechte Stücke schneiden oder hacken. Die Zwiebeln schälen, mit dem Schmalz in einen Topf geben und glasig werden lassen. Die Kartoffeln schälen und zusammen mit dem Kohl und dem Fleisch in den Topf geben. Mit leicht gesalzenem Wasser auffüllen und eine gute Stunde bei mittlerer Hitze garen lassen. Während der Garzeit können geschälte und entkernte Birnenviertel mitgekocht werden.

Gut zu wissen!

Wenn der Eintopf zu dünn erscheint: Zwei Esslöffel feine Haferflocken binden die Flüssigkeit.

TIPP

Bei magerem Fleisch gibt man gerne noch etwas Schmalz zum Grünkohl. Er ist richtig, wenn er schön glänzt.

KNABBELN

für 4 Personen

Zutaten

Weißbrotreste
1 Liter frische Milch
Zimtzucker

Zubereitung

Das Weißbrot in Stücke brechen und im Backofen bei 150° C trocknen.
Wenn das Brot knusprig ist, die Knabbeln in Müsli-Schalen („Kümpken") geben und mit Milch übergießen. Nach Belieben mit Zimtzucker abschmecken.

Gut zu wissen!

Die „Knabbeln im Kümpken" aß man früher gerne zum Frühstück. Man verwertete auf diese Art und Weise nicht mehr ganz so frisches Weißbrot. Heute gibt es den knusprigen Bauernzwieback auch in Traditionsbäckereien fertig zu kaufen.

TIPP

Wer den Stuten für die Knabbeln selber backen möchte, nimmt 1 kg Mehl, 25 g frische Hefe, 60 g weiche Butter, 1 Ei, ½ Liter lauwarme Milch oder Buttermilch, 2 EL Zucker und einen gestrichenen TL Salz. Daraus bereitet man einen Hefeteig und bäckt den ausgeformten Laib bei 200° C (Unter-Oberhitze) bis er goldbraun ist.

BIERSUPPE
(„WARMBEER“)

für 4 Personen

Zutaten

1 l Milch
60 g Zucker
3 EL Speisestärke
1 Flasche Bier
Zimt

Zubereitung

Die Milch zum Kochen bringen. Zucker und die mit etwas kaltem Wasser angerührte Stärke dazugeben und unter Rühren aufkochen lassen. Das Bier dabei langsam unterrühren. Die Suppe warm, mit etwas Zimt bestreut, servieren.

Gut zu wissen!

Welche Biersorte man für die Suppe nimmt, ist regional verschieden. Helle Biere haben den Vorteil, dass sie die Suppe schön gelb aussehen lassen. In früheren Zeiten gehörte die Biersuppe zum Abendbrot.

TIPP

Trockenfrüchte wie Backpflaumen oder Rosinen schmecken als Einlage in der Biersuppe vorzüglich. Auch Schneeklößchen (siehe Rezept „Rhabarberkaltschale“) passen zur Biersuppe.

Westfalen ist das Vaterland des Schinkens

Bereits deutsche Literaten wie Hans Jakob Christoffel von Grimmelshausen (1622–1676) oder Heinrich Heine (1797–1856) rühmten in ihren Schriften Westfalen als das „Vaterland des Schinkens". In der Tat zählt der Westfälische oder Münsterländer Knochenschinken zu den bekanntesten Spezialitäten der Region.

Bis heute überragende Spezialität

Seit dem Frühmittelalter wurde der Traditionsschinken, der in der Münsterländer Tieflandsbucht – aber auch im Osnabrücker Land und im Sauerland – hergestellt wird, nachweislich in Köln gehandelt. Die Bezeichnung „Westfälischer Knochenschinken" ist heute eine bei der EU eingetragene, geschützte geografische Angabe. Die Schutzgemeinschaft Westfälische Schinken- und Wurstspezialitäten, ein Zusammenschluss aus Herstellern, steht mit ihrem Siegel für die regionale Handwerkskunst. Im Museum Westfalen Culinarium in Nieheim befindet sich übrigens das Westfälische Schinkenmuseum, welches Besuchern die Geschichte und Herstellung der traditionellen Spezialität nahebringt.

Ein Himmel voller Schinken

Da die Bauernhöfe früher nur bei kühlem Wetter pökeln konnten, fand die Schinkenherstellung im Herbst statt. Im Frühjahr zum ersten Spargel, meistens um Pfingsten herum, schnitt man dann den ersten Schinken an. Der Rohschinken verdankt sein würziges Aroma einem besonderen Verfahren, bei dem der Knochen bis zuletzt am Schinken verbleibt. Der Schinken, zunächst einige Wochen von Hand trocken gepökelt und auf einem Gestell über dem Rauchfang des Kamins („Westfälischer Himmel") getrocknet, wird drei bis fünf Monate lang in einer Räucherkammer („im Schlot") über Wacholderbeeren und Buchenholz kalt geräuchert. Beste Qualitäten haben eine Herstellungszeit von 6–18 Monaten.

Ragouts und Reste-Würste

Neben Edelprodukten wie Knochenschinken, feinem Rinderbraten und Wildspezialitäten hat die traditionelle Küche auch allerhand (für moderne Gaumen) eigenartig anmutende Rezepturen zu bieten: Süß-saure Ragouts, die mit Innereien und Blut abgerundet werden, oder diverse Press-, Blut- und Grützwurstsorten, die man früher noch am Tag der Hausschlachtung aus den Schlachtresten kochte. Auch sie zählen heute, zum Teil etwas erlesener zubereitet als früher, zu den wiederentdeckten Delikatessen der Region! Über regionale Initiativen wie „So schmeckt das Münsterland", „muensterland.de" oder „Münsterland Botschaft" erfahren Genießer, wo man die traditionellen Zubereitungen noch erwerben kann.

SCHINKEN MIT SPARGEL

für 4 Personen

Zutaten

2 kg Spargel
400 g Knochenschinken auf Scheiben
1 kg Kartoffeln
600 g Butter
Saft einer Zitrone
frische Petersilie oder Schnittlauch
Salz

Gut zu wissen!

Das Münsterland zählt zu den bekannten Spargelanbauregionen in Nordrhein-Westfalen. Entlang der „Spargelstraße NRW" können Genießer Höfe und Gastronomie-Betriebe, die sich dem weißen Gold verschrieben haben, entdecken.

TIPP

Die Spargelbrühe auffangen. Davon lässt sich mit Resten vom Spargelessen oder Spargelbruch eine leckere Spargel-Kartoffelsuppe bereiten. Als Basis für das Rezept können Sie die Kartoffelsuppe aus diesem Buch nutzen. Ersetzen Sie einfach einen Teil der Kartoffeln durch Spargel!

Zubereitung

Die Kartoffeln schälen und halbieren. Mit Salzwasser aufsetzen und kochen lassen. Den Spargel ebenso schälen und in leicht gesalzenem Zitronenwasser bissfest garen. In der Zwischenzeit die Butter schmelzen, den Schaum abnehmen und mit einem Spritzer Zitrone und etwas Salz abschmecken – warm stellen. Die Kräuter waschen, trocken tupfen und hacken.
Den gegarten Spargel abtropfen lassen und auf einer Platte mit dem Schinken als Röllchen anrichten. Mit etwas Zitronenbutter übergießen und die Kräuter darüberstreuen. Die restliche Zitronenbutter in eine Sauciere geben und zusammen mit den Salzkartoffeln zum Spargel mit Schinken reichen.

MÜNSTERLÄNDER TÖTTCHEN

für 4 Personen

Zutaten

4 Zwiebeln
1 Lorbeerblatt
3 Nelken
500 g Kalbsschulter und
2 Kalbszungen oder
1500 g Kalbsschulter oder
-brust am Stück
4 EL Essig
1 Bund Suppengrün
2 Möhren
2 EL Butterschmalz
3 EL Mehl
Senf
Weißweinessig oder
Worcestershiresauce
Salz, Pfeffer
frische gehackte Kräuter

Gut zu wissen!

Das „Mönsterk Töttken" galt früher als „Arme-Leute-Essen", da es vorwiegend aus Kalbskopf, Lunge und Herz hergestellt wurde. Zeitgemäße Varianten verzichten mitunter ganz auf Zunge und Innereien und nehmen ausschließlich Schulter oder Brust. Einige Köche verfeinern das Töttchen sogar mit Weißwein, Kerbel und Thymian.

Zubereitung

Eine Zwiebel schälen und halbieren. Die Lorbeerblätter und die Nelken darauf feststecken. Anderthalb Liter Wasser zum Kochen bringen und die Fleischstücke samt der gespickten Zwiebel hinein geben. Salz, Pfeffer und Essig ebenso zugeben und das Ganze etwa 70–80 Minuten kochen lassen. Nach einer guten Stunde Kochzeit klein geschnittenen Lauch und Möhrenstücke zufügen.
Nach der Kochzeit das Fleisch aus der Brühe nehmen und kalt abschrecken. Nach gut 10 Minuten die Haut der Zunge abziehen. Das Fleisch einen Tag kühlstellen und am nächsten Tag auf kleine Würfel schneiden. Die restlichen Zwiebeln ebenso würfeln und in etwas Butterschmalz glasig werden lassen. Mit Mehl bestäuben und mit der abgeseihten Brühe vom Vortag auffüllen und aufkochen lassen. Die sämige Sauce mit Senf, Essig, Salz und Pfeffer abschmecken. Die Fleischwürfel zugeben und kurz aufkochen lassen. Mit frischen Kräutern bestreut servieren.

TIPP

Dazu reicht man Salzkartoffeln oder deftiges Roggenbrot.

PFEFFERPOTTHAST

für 4 Personen

Zutaten

1 kg magerer Rinderkamm
50 g Schmalz
600 g Zwiebeln
1 TL Salz
½ TL grob gemahlener Pfeffer
½ TL Kümmel
1 Lorbeerblatt
1 l Brühe oder gesalzenes Wasser
100 g geriebener Zwieback
Abrieb von einer unbehandelten Zitrone oder etwas Essig
gehackte Petersilie

Zubereitung

Schmalz in einem Bräter erhitzen, das grob gewürfelte Rindfleisch zugeben und leicht anbraten lassen. Zwiebeln schälen, in Scheiben schneiden und zugeben. Salz, Pfeffer, Kümmel und Lorbeerblatt mit der Brühe zugeben und alles im geschlossenen Topf gut anderthalb bis zwei Stunden bei mittlerer Hitze schmoren lassen. Sobald das Fleisch zart ist, die Zwiebackbrösel langsam einrühren und das Gulasch damit binden. Mit abgeriebener Zitronenschale oder Essig, Salz und Pfeffer abschmecken. Mit der Petersilie überstreuen und servieren.

Gut zu wissen!

Potthast war früher neben Braten ein beliebtes Sonntagsgericht. Der Name des Schmorgulaschs setzt sich zusammen aus „Pott“ (ein Topf) und „Hast“ (ein Stück Rindfleisch). Klassischerweise serviert man es mit Salzkartoffeln, Perlzwiebeln oder kleinen Gürkchen und Roter Bete aus dem Glas. In einigen Gegenden kocht man das Gericht auch mit Ochsenfleisch und gibt etwas Zitronensaft und Kapern dazu.

TIPP

Den Potthast kann man auch statt mit Brühe oder gesalzenem Wasser mit Altbier zubereiten. Man erhält eine köstlich-würzige Altbiersauce.

LAMMROLLBRATEN MIT MÖHREN

für 4 Personen

Zutaten

750–1200 g Lammrollbraten (küchenfertig im Netz)
4 Lorbeerblätter
Salz, Pfeffer
4 Zwiebeln
Fett zum Anbraten
Wasser zum Angießen
Speisestärke zum Binden
nach Geschmack etwas Sahne

Für das Möhrengemüse
500 g Möhren
4 Lorbeerblätter
2 EL Butter
Honig
Salz

Zubereitung

Das Fleischstück salzen und pfeffern, in einem Bräter mit heißem Fett ringsherum scharf anbraten. Klein geschnittene Zwiebeln zugeben und rösten lassen. Wenn die Zwiebeln hellbraun sind, den Braten einige Zentimeter hoch mit dem Wasser angießen und anderthalb bis zwei Stunden schmoren lassen. Dabei öfters wenden und mit dem Bratensud begießen. Nach Bedarf noch etwas Wasser nachfüllen. Mit Salz und Pfeffer abschmecken.
Nach der Garzeit den Braten entnehmen und abkühlen lassen. Am nächsten Tag den Bratenfond entfetten, durch ein Sieb streichen, noch einmal aufkochen lassen und abschmecken. Den Fond mit Speisestärke binden und nach Geschmack mit etwas Sahne verfeinern.
Den aufgeschnittenen Rollbraten vorsichtig in der heißen Sauce erwärmen oder mit etwas Folie bedeckt im Ofen erhitzen.
Für das Möhrengemüse die Möhren schälen und in Stifte schneiden. In etwas Salzwasser mit den Lorbeerblättern gar dünsten. In Butter und Honig schwenken und mit Salz abschmecken.

Gut zu wissen!

Der Rollbraten ist ein optimaler Sonntagsbraten. Er lässt sich gut vorbereiten und mit Schwenkkartoffeln und Möhrengemüse, Bohnen oder Kohl servieren. Der Rollbraten schmeckt auch gut kalt als Bratenaufschnitt mit etwas Remoulade.

TIPP

Nach diesem Rezept können Sie auch andere Lammbraten, zum Beispiel vom Rücken oder aus der Keule, zubereiten.

KOTELETTS MIT BRATKARTOFFELN

für 4 Personen

Zutaten

4 Stielkoteletts vom Schwein
2 Eier
6 EL Paniermehl aus altbackenen Brötchen

Für die Bratkartoffeln
800 g Kartoffeln vom Vortag
Butterschmalz
1 Zwiebel
100 g Schinkenspeck
Salz, Pfeffer

Gut zu wissen!

Auch Schweineschnitzel lassen sich nach diesem Rezept bereiten. Als Kotelett oder Schnitzel natur, also ohne Panade gebraten, schmeckt das Fleisch ebenfalls gut.

TIPP

Alternativ passen Roggenbrot oder Salzkartoffeln und ein grüner Salat zum Kotelett. Ebenso darf ein kühles Bier nicht fehlen.

Zubereitung

Dicke Koteletts vor dem Braten mit einem Fleischklopfer etwas plätten. Die Eier mit etwas Salz und Pfeffer verquirlen. Die Koteletts durch die aufgeschlagenen Eier ziehen und mit den Brötchenbröseln panieren. In heißem Fett von jeder Seite 6–8 Minuten durchbraten und bis zum Servieren warm stellen. Für die Bratkartoffeln ausreichend Butterschmalz in der Pfanne erhitzen und die Kartoffeln von allen Seiten goldbraun braten. Haben die Kartoffeln eine gute Bräune erreicht, die Zwiebeln und den Speck mitbräunen lassen.

MATJES MIT PELLKARTOFFELN

für 4 Personen

Zutaten

8 Matjesfilets (küchenfertig)
2 säuerliche Äpfel
2 Zwiebeln
250 ml Schmand
250 ml süße Sahne
Salz, Zucker und Weinessig oder Zitronensaft zum Abschmecken
1,5 kg Kartoffeln

Gut zu wissen!

Ende Mai/Anfang Juni beginnt traditionell die Matjeszeit. Matjes nennt man den jungen Hering, der vor Erreichen der Geschlechtsreife nach traditionellem Verfahren durch Enzyme in einer Salzlake reift. Er ist besonders mild und hat einen höheren Fettgehalt als der ältere Hering. Im Gegensatz zu einfachen Salzheringen brauchen Matjes nicht zwingend gewässert zu werden. Das Abziehen der Haut erfordert jedoch einige Übung, daher greift man heute gerne auf küchenfertige Filets zurück, die es übrigens das ganze Jahr über zu kaufen gibt.

Zubereitung

Je nach Salzgehalt die Matjesfilets einige Stunden wässern. Anschließend in kleine Happen schneiden. Äpfel und Zwiebeln schälen und ebenso in kleine Stückchen schneiden. Aus Schmand, Sahne, Salz, Zucker und Weinessig eine Marinade bereiten. Die Herings-, Apfel- und Zwiebelstückchen zugeben und alles gut durchziehen lassen. Mit Pellkartoffeln servieren. Für die Pellkartoffeln die gewaschenen Kartoffeln mit ausreichend Wasser aufsetzen und rund 40 Minuten garen. Das Wasser abschütten und die Kartoffeln pellen.

TIPP

Gerne reicht man zu Pellkartoffeln auch „Duckefett". Der Speck-Schmand-Dipp ist leicht herzustellen: 150 g klein gewürfelten durchwachsenen Speck in der Pfanne auslassen. Klein gehackte Stücke von zwei Zwiebeln dazugeben und alles hellbraun braten. Anschließend ¼ Liter Milch angießen und 2 EL Schmand unterrühren.

GESCHMORTE KANINCHENKEULEN

für 4 Personen

Zutaten

4 Kaninchenkeulen
1 Bund Suppengemüse
2 Zwiebeln
1 Rosmarinzweig
500 ml leicht gesalzenes Wasser
250 ml Rotwein oder Bier, ggf. etwas mehr
1 EL Butterschmalz
Salz, Pfeffer
Speisestärke
Sahne

Zubereitung

Suppengemüse putzen, waschen und würfeln. Zwiebel schälen und ebenso würfeln. In einem Bräter das Gemüse in Butterschmalz anschwitzen und die gewürzten Kaninchenkeulen dazugeben. Alles leicht anrösten lassen und dann mit Wasser und Rotwein oder Bier ablöschen. Den Rosmarinzweig zugeben und die Keulen im geschlossenen Bräter eine gute halbe Stunde schmoren lassen. Nach Bedarf noch etwas Flüssigkeit zugießen. Nach der Garzeit die Keulen aus dem Bratsud nehmen und warm stellen. Den Sud durchsieben und mit etwas kalt angerührter Stärke binden. Mit Salz und Pfeffer, nach Belieben auch mit etwas Sahne abschmecken. Das Kaninchen in die Sauce legen und servieren.

Gut zu wissen!

Neben Hühnern hielten viele Haushalte früher auch Kaninchen, um ihren Fleischbedarf zu decken. Vor allem Rindfleisch galt als kostbar und war meist nicht für den Eigenbedarf vorgesehen, sondern wurde verkauft. Der eigene Sonntagsbraten war daher oft ein Schweine- oder auch ein Kaninchenbraten.

TIPP

Nach diesem Rezept lässt sich auch ein Kaninchenbraten im Ganzen bereiten. Besonders gerne reicht man zum Kaninchenbraten Stampfkartoffeln. Hierfür Salzkartoffeln mit einem Stück Butter stampfen und etwas warmer Milch sämig machen. Mit Salz und Muskat abschmecken.

PANHAS

für eine Kastenform oder 6–8 Förmchen

Zutaten

300 g Rinderhackfleisch
300 g Schweinemett
300 g Blutwurst
600 ml kräftige Fleischbrühe
200 g Buchweizenmehl
Salz, Pfeffer, Muskat, Piment
Butterschmalz zum Braten

Gut zu wissen!

In früheren Zeiten servierte man den Panhas zum Schlachtfest. Auch eine Schlachtplatte mit Mettwürstchen, gepökelten Rippchen, Räucherspeck und Eisbein durfte nicht fehlen. Alternativ zum Pumpernickel mit Butter gab es mitunter auch Sauerkraut und Pellkartoffeln. Dazu tranken die Münsterländer kühles Bier und Korn.

TIPP

Da Panhas gerne schnell beim Braten zerfällt, sollte er bei sehr hoher Temperatur zügig gebraten werden. Wer den Panhas nicht selbst zubereiten möchte, kann ihn bei ausgewählten Handwerksmetzgern, die sich auf regionale Spezialitäten verstehen, frisch oder im Glas eingemacht kaufen.

Zubereitung

Die Blutwurst in Scheiben schneiden, mit dem Hackfleisch und dem Mett vermengen und mit der Brühe rund 10 Minuten köcheln lassen. Die Gewürze zugeben und weiter köcheln lassen. Das Buchweizenmehl nach und nach unter ständigem Rühren einrieseln lassen, bis ein fester Brei entsteht. Die zähe Masse in eine kalt ausgespülte Kastenform- oder Silikonförmchen oder Gläser geben und bis zu zwei Tage kalt stellen. Wenn der Panhas fest ist, kann er gestürzt und in dicke Scheiben geschnitten werden. Vor dem Stürzen die Form kurz in warmes Wasser stellen. Die Scheiben in etwas Mehl wenden und in reichlich Butterschmalz von beiden Seiten braten. Mit Brot eine delikate Vorspeise oder ein schneller Snack.

GÄNSEBRATEN

für 8 Personen

Zutaten

1 Gans (4–5 kg, küchenfertig)
500 g geviertelte Äpfel (ohne Kerngehäuse und Stil- und Blütenansatz)
500 g geviertelte Zwiebeln
Salz, Pfeffer, 2 Stängel Beifuß, Honig
nach Geschmack auch einige Lorbeerblätter, Wacholder, Nelke und Zimt
Wasser oder Brühe und Rotwein
Nadel und Küchengarn zum Verschließen der Gans
Speisestärke

Gut zu wissen!

Wer die Gans mit Flügeln und Innereien erworben hat, kann diese mit Wurzelgemüse gesondert anbraten und einen Saucenfond daraus bereiten.

Zubereitung

Die Gans waschen, Flomen entfernen, abtrocknen und von innen salzen. Mit den Apfel- und Zwiebelstücken füllen, einen Stängel Beifuß und die anderen Gewürze nach Belieben mit in die Gans geben. Diese mit Nadel und Küchengarn verschließen.
Die Gans mit der Brust nach unten in eine Fettpfanne auf die untere Einschubleiste des Backofens geben. Das Fleisch mit gesalzenem Wasser oder Brühe angießen, sodass es mehrere Zentimeter hoch mit Flüssigkeit bedeckt ist. Die Gans im vorgeheizten Ofen bei 180° C (Unter-Oberhitze) eine Stunde lang braten, dann wenden und mit einem Holzstab an den Seiten und unterhalb der Keulen die Haut einstechen, sodass das Fett austreten kann. Den fettreichen Bratensud – falls erforderlich – abschöpfen und vorsichtig noch etwas Wasser zugeben. Den Braten in regelmäßigen Abständen mit dem Sud bestreichen und nach Bedarf Wasser oder Brühe angießen. Nach weiteren zwei Stunden Garzeit das Fleisch abermals bestreichen und gut 20 Minuten bei 200° C bräunen lassen. Die letzten drei bis fünf Minuten durch Einschalten der Oberhitze oder Grillfunktion die Haut knusprig braten und bis zum Servieren noch etwas in der Nachwärme ruhen lassen.
Den Bratensud abschöpfen, entfetten und mit Rotwein und Beifuß aufkochen lassen. Den Beifuß-Stängel entfernen und die Sauce mit Salz, Pfeffer und Honig abschmecken und mit etwas Stärkemehl binden. Die Gans tranchieren und mit der Sauce anrichten.

WILDGULASCH

für 4 Personen

TIPP

Vor dem Servieren die Lorbeerblätter und die Pimentkörner entfernen.

Zutaten

1 kg Wildfleisch von Hirsch, Reh, Wildschwein oder Hase (vorzugsweise aus der Schulter oder aus der Keule)
2 Zwiebeln
300 ml trockener Rotwein
200 ml Brühe
6 Lorbeerblätter
12 Pimentkörner
Salz, Pfeffer
2 EL Preiselbeerkompott
Speckwürfel nach Belieben
Fett zum Anbraten
1 Schnapsglas Wacholderbranntwein oder Schlehenlikör

Zubereitung

Fleisch von Sehnen befreien und auf kleine Würfel (3 x 3 cm) schneiden. Die Zwiebeln putzen und würfeln. In einem großen Topf das Fleisch mit dem Fett, den Speckwürfeln und den Zwiebeln ringsherum anbraten, mit Brühe und Wein ablöschen. Das Fleisch salzen, die Gewürze zugeben und bei mittlerer Hitze rund 3 Stunden im geschlossenen Bräter schmoren lassen, nach Bedarf noch etwas Wein oder Brühe nachgießen. Mit Salz, Gewürzen und Alkohol abschmecken. Vor dem Servieren die Lorbeerblätter und die Pimentkörner entfernen.

MÜNSTERLÄNDER ROSENKRANZ

MIT HIMMEL UND ERDE

für 4 Personen

Zutaten

1 kg Kartoffeln
1 kg säuerliche Äpfel (z.B. Boskoop, Rubinette)
Salz, Pfeffer, Muskat, Zucker
1 EL Butter
350 ml warme Milch
2 Zwiebeln, nach Belieben ein Apfel auf Scheiben
4 geringelte Bratwürste
Butterschmalz

Gut zu wissen!

Als „Münsterländer Rosenkranz" bezeichnet man frische Bratwurst, die zum Ring gebunden ist oder lange, zu Schnecken gerollte, dünne Bratwürste.

Zubereitung

Die Kartoffeln schälen und in gesalzenem Wasser gar kochen. Äpfel schälen, entkernen und auf Viertel schneiden. In etwas Wasser zu einem stückigen Brei kochen lassen. Mit Zucker abschmecken.
Die Kartoffeln abgießen und mit dem Kartoffelstampfer zerkleinern. Die Butter und nach und nach die warme Milch zugeben, bis ein sämiger Brei entsteht. Mit Salz, Pfeffer und Muskat abschmecken. Das Apfelkompott unter das Kartoffelpüree heben und warm stellen.
In der Zwischenzeit Zwiebelringe und nach Belieben auch Apfelscheiben in etwas Butterschmalz goldbraun braten. Wer die Zwiebelringe sehr knusprig mag, kann sie vor dem Braten in etwas Mehl wenden. Beides warm stellen.
Die Bratwürste in Butterschmalz braten. Zuletzt die verschiedenen Komponenten auf Tellern hübsch anrichten und servieren. Dazu passt ein kühles Bier.

TIPP

Auch mit gebratener Blutwurst oder Panhas schmecken „Himmel (Apfelmus) und Erde (Kartoffelpüree)".

ZANDER IN DILLSAHNE

für 2 Personen

Zutaten

4 Scheiben Zanderfilet (küchenfertig)
1 Zwiebel
1 EL Butter
100 ml Weißwein
1 TL Speisestärke
250 ml Sahne
1 Bund frischer Dill
Salz, Pfeffer, Zitronensaft

Zubereitung

Die Filets mit Salz und Pfeffer würzen und in eine Auflaufform geben. Die Zwiebel fein hacken und mit der Butter andünsten, die Speisestärke mit dem Weißwein verrühren und zugeben. Alles kurz aufkochen lassen. Wenn die Flüssigkeit anzieht, die Sahne und den fein gehackten Dill zugeben. Mit Salz, Pfeffer und Zitrone abschmecken und die Sauce über die Filets gießen. Im Backofen auf 175° C (Umluft) den Fisch etwa 20 Minuten goldbraun überbacken.

Gut zu wissen!

Auch eine Apfelweinsauce ist typisch für Münsterländer Fischgerichte. Dafür einen säuerlichen Apfel schälen, entkernen und in feine Würfel schneiden. Die Würfel in etwas Butter anschwitzen und mit 100 ml halbtrockenem Apfelwein auffüllen. 250 ml Sahne zugeben und mit etwas Stärke leicht binden. Mit Apfelschnaps und Salz abschmecken.

TIPP

Alternativ lässt sich das Rezept mit Kabeljau bereiten.

SPEISENFOLGE EINES TYPISCHEN HOCHZEITSESSENS

Hohe Festtage forderten etablierte Menüs

Nicht nur Ostern und Weihnachten zählten im Jahresverlauf zu den besonders hohen Festtagen. Auch Hochzeiten waren für die bäuerlich geprägte Gesellschaft von großer Bedeutung. Denn letztlich entschied eine geschickte Heirat über den Fortbestand des Hofes und seines zukünftigen Erfolgs.

Traditionelles Hochzeitsessen

Im Zuge der Bauernhochzeiten mit großen Gesellschaften entwickelte sich das traditionelle Hochzeitsessen, welches eine feste Speisenfolge meint. In etwas „abgespeckter" Form kommt es bis heute gerne an Feiertagen auf den Familientisch und wird auch in Restaurants angeboten. Unter der Bezeichnung „Hochzeitsessen" versteht der Münsterländer ein mehrgängiges Menü, das aus einer Rindfleischsuppe mit Markklößchen und Eierstich, gekochtem Rindfleisch mit Zwiebelsauce als Zwischengang, Rinder- oder Schweinebraten mit Gemüsebeilagen und Kartoffeln als Hauptgang und einem Dessertgang mit Milchreis, Herren- und Weincreme besteht.
Je nach Größe der Hochzeit und saisonaler Verfügbarkeit der Zutaten reichten die Brauteltern stattdessen oder zusätzlich zur Vorsuppe auch eine Hühnersuppe mit Nudel- oder Reiseinlage und als Zwischengang ein Hühnerfrikassee mit Erbsen und Pilzen.

Zutaten vom Hof

Alle Zutaten, die man für das Hochzeitsessen brauchte, waren auf dem Hof verfügbar. Eine Ausnahme stellt der Reis oder Milchreis dar. Dieser galt als sehr kostbar in früheren Zeiten, da man ihn nur von fahrenden Händlern kaufen konnte. Große Höfe schlachteten für eine bevorstehende Hochzeit zumeist ein Rind und zwei Schweine. Am Vorabend der Hochzeit, den man auch „Hühnerabend" nennt, gab es für die Helfer der Hochzeitsvorbereitungen gebratene Hühnchen. Hühner waren im Übrigen auch als Gastgeschenke sehr beliebt. Da Rindfleisch sehr kostbar war und vorwiegend für den Verkauf diente, gab es auf kleineren Höfen an Feiertagen zumeist Schweinebraten. Als man die Kartoffel noch nicht kannte, wurde dieser gerne mit Sauerkraut und weißen Bohnen gereicht. Das Rezept gilt bis heute als urwestfälisch!

Jagd- und Schlachtessen

Auch zur Jagd- und Schlachtzeit im Herbst veranstalteten die Münsterländer Familien große Essen. Von einem Tier verwertete man nahzu alles und so waren Ohren, Pfoten und Schnauze vom Schwein oder Innereien beliebte Zutaten für Ragouts wie Potthast und Töttchen sowie Blutgrützwurst wie Panhas oder Möppkenbrot. Ebenso tischte man beim Jagdessen nach Münsterländer Art gerne Innereien auf. Dazu trank man reichlich Bier und Korn.

HOCHZEITSSUPPE
(RINDERFLEISCHSUPPE MIT EINLAGE)

für 6–8 Personen

Zutaten

Für die Brühe
1,5 kg Rindfleisch (vorzugsweise hohe Rippe), nach Belieben auch Rinderknochen und eine Beinscheibe
2–3 Liter Wasser
Suppengemüse
Salz

Für den Eierstich
4 Eier
125 ml Milch oder Sahne
1 Prise Muskat, Salz

Für die Markklößchen
30 g Rindermark
20 g Butter
1 Ei
70 g trockene Brötchen (gerieben)
Salz, Muskatnuss, Petersilie

Zubereitung

Das Fleisch in kaltem Salzwasser aufsetzen. Die geputzten und klein geschnittenen Suppengemüse zugeben. Die Suppe etwa anderthalb Stunden auf mittlerer Flamme kochen lassen und absieben, nach Bedarf Fett abschöpfen.

Das Suppenfleisch teilweise klein schneiden und in die abgesiebte Brühe geben. Das restliche Stück Rindfleisch für den Zwischengang „Zwiebelfleisch“ warm stellen.

Während die Suppe kocht, den Eierstich und die Markklößchen bereiten.

Für den Eierstich zwei Tassen einfetten und die mit Milch oder Sahne verquirlten und gewürzten Eier einfüllen. Die Tassen in ein Wasserbad stellen und ankochen. Die Masse rund 30 Minuten stocken lassen. Wenn die Tassen etwas abgekühlt sind, die Masse stürzen und in kleine Würfel schneiden. Beiseite stellen.

Für die Markklößchen das Rindermark und die Butter erhitzen, bis die Masse geschmeidig ist. Nach dem Abkühlen die Masse cremig rühren und mit den übrigen Zutaten und gehackter Petersilie vermengen und mit den Gewürzen abschmecken. Klößchen formen und zum Schluss in der Suppe rund 6 Minuten simmern lassen. Den Eierstich zugeben und mit gehackter Petersilie bestreut servieren.

HÜHNERSUPPE

für 6–8 Personen

Zutaten

1 Suppenhuhn und 2,5 l Wasser oder
2 Hähnchenbrustfilets oder -keulen und 1,5 l Wasser
Suppengemüse (im Sommer auch 2–3 Tomaten)
3 Lorbeerblätter, 3 Nelken, 3 Pimentkörner (in ein Gewürzsäckchen geben)

Für die Suppeneinlage (nach Belieben)
250 g Bauernnudeln oder
125 g Reis für 2,5 l Brühe
2 Möhren, 1 Lauchstange
Petersilie

Zubereitung

Das Suppenhuhn mit dem Wasser, den klein geschnittenen Gemüsen und den Gewürzen aufsetzen. Den Ansatz 2–3 Stunden kochen lassen und am nächsten Tag abseihen.
Das Huhn tranchieren, enthäuten und das weiße Fleisch in kleine Stücke schneiden.
Für eine klassische Hühnerbrühe die kalte Brühe entfetten und mit dem Fleisch und mit gehackter Petersilie bestreut servieren.
Für eine Hühnersuppe mit Einlage die Brühe mit klein geschnittenen Möhren- und Lauchstangen-Stücken erneut köcheln lassen. Die Nudeln oder den Reis zugeben und bissfest garen. Das Fleisch kurz vor Ende der Garzeit zugeben.

Gut zu wissen!

Wer etwas mehr Hühnerfleisch (das Huhn plus 2 Filets oder Keulen) in der Brühe mitgart, erhält eine kräftigere Brühe und auch Fleisch für ein Hühnerfrikassee. Einen Teil des Fleisches nach Bereiten der Suppe zurückbehalten. Aus 60 g Butter, 60 g Mehl und 400 ml Hühnerbrühe eine Mehlschwitze rühren. Diese mit Salz, Zucker, Zitronensaft, Weißwein und Sahne abschmecken. Gegarte Champignons und Spargelstücke oder Erbsen zugeben. Mit Reis servieren.

WILDSUPPE

für 6–8 Personen

Zutaten

1 kg Wildknochen und -fleisch
40 g Speck
1 Bund Suppengrün
3 Wacholderbeeren
1 Lorbeerblatt
1,5 Liter Wasser
Salz, Pfeffer

Zubereitung

Den gewürfelten Speck in einem Topf auslassen, Knochen und Fleisch zugeben und anbraten. Suppengrün putzen, waschen und zerkleinern. Zusammen mit den Gewürzen und dem Wasser in den Topf geben und aufkochen. Rund 2 Stunden köcheln lassen. Das Fleisch und die Knochen herausnehmen. Das Fleisch von den Knochen lösen, klein schneiden und warm halten. Die Brühe durch ein Sieb gießen und mit Fleischeinlage als klare Wildbrühe servieren.

Gut zu wissen!

Für eine gebundene Wildsuppe 2 EL Fett auslassen und 2 EL Mehl unter kräftigem Rühren darin bräunen. Mit Brühe ablöschen und aufkochen. Das Fleisch dazugeben und noch einmal in der Nachwärme etwas ziehen lassen. Mit Rotwein, Salz, Pfeffer, Preiselbeeren und etwas Sahne abschmecken.

TIPP

Auch Fleisch und Saucenreste vom Wildbraten können als Wildsuppe verwertet werden. Hierfür Reste mit der klaren Wildbrühe oder einer Gemüsebrühe aufkochen lassen und wie bei der gebundenen Wildsuppe abschmecken.

JAGDESSEN
NACH MÜNSTERLÄNDER ART

für 4 Personen

Zutaten

4 kleine Rehsteaks
1 Rehzunge
4 Scheiben Kalbsleber
50 g Butter
50 g durchwachsener Speck, gewürfelt
2 Zwiebeln
frische oder eingemachte Pfifferlinge
Wacholderbeeren
125 ml Rotwein
100 g geriebener Zwieback
Preiselbeerkompott
Wacholderschnaps
gehackte Petersilie
Salz, Pfeffer

Neben Korn zählt auch Wacholderschnaps („Wachölderken“) zu den westfälischen Spezialitäten. Den Wacholderbranntwein genießt man traditionell nach einem deftigen Essen zur Verdauung. Gerne wird er in einem Abfüllgefäß („Kruke“) aus Steingut oder Metall serviert.

Zubereitung

Die Steaks und die Leber trocken tupfen und in heißer Butter mit dem Speck anbraten. Zwiebeln schälen, fein hacken und ebenso kurz anbraten. Die geputzten oder abgetropften Pfifferlinge zusammen mit einigen Wacholderbeeren zum Fleisch geben. Mit Rotwein aufgießen, köcheln lassen und mit Pfeffer und Salz würzen. Die Rehzunge in feine Streifen schneiden, zugeben und mitgaren. Zum Schluss den Sud mit Zwiebackbröseln binden und mit Wacholderschnaps und Preiselbeerkompott abschmecken. Mit gehackter Petersilie und Brot servieren.

BRATHÄHNCHEN

für 4 Personen

Zutaten

2 Hähnchen oder 4 Keulen
2 EL Paprikapulver
1 EL Currypulver
1 EL Salz
nach Belieben frischer gehackter Thymian oder Rosmarin
4–6 EL Öl

Gut zu wissen!

Übrig gebliebenes Hähnchen kann – wenn man die Haut entfernt – ebenso für Hühnerfrikassee (siehe Rezept „Hühnerbrühe“) verwendet werden.

Wer mag, kann auch noch einige Zwiebelringe, Lauch- oder Möhrenstücke mit in die Auflaufform geben. Das verstärkt den guten Geschmack und ist eine köstliche Beilage.

Zubereitung

Das aufgetaute oder frische Hähnchen kalt abspülen und trocken tupfen. Aus den Gewürzen und dem Öl eine Marinade bereiten: Die Hähnchen damit von innen und von außen einreiben. Mit der Flügelseite nach unten in eine Auflaufform oder aufs Backblech (Fettpfanne) geben und im vorgeheizten Ofen bei 180° C (Unter-Oberhitze) eine gute halbe Stunde braten. Die Hähnchen wenden und abermals eine halbe Stunde garen lassen. Kurz vor Ende der Garzeit den Grill zuschalten und die Hähnchenhaut kross werden lassen. Die Hähnchen nun zerteilen und mit Brot und Salaten servieren.

ZWIEBELFLEISCH

für 4–6 Personen

Zutaten

750 g gekochtes Rindfleisch
(siehe Hochzeitssuppe)
4 Zwiebeln
125 g Butter
2–3 EL Mehl
500 ml Fleischbrühe
Essig
Salz, Pfeffer, Zucker
Gehackte Petersilie

Gut zu wissen!

Auch eine Meerrettich-Sauce ist als Beilage beliebt. Man bereitet aus 2 EL Butter, 2–3 EL Mehl, 300 ml Fleischbrühe und 200 ml Sahne eine Mehlschwitze. Diese mit 4 EL Meerrettich aus dem Glas oder mit etwas frisch geriebenem Meerrettich verfeinern.

Zubereitung

Das Rindfleisch warm stellen oder in der Suppe aufwärmen. Die Zwiebeln schälen und auf feine Ringe schneiden. In der Butter hellbraun dünsten. Das Mehl zugeben und mit der Brühe unter Rühren eine Mehlschwitze bereiten. Sobald die Mehlschwitze anzieht, diese vom Herd nehmen und mit Essig, Salz, Pfeffer und Zucker abschmecken. Das Fleisch in dünne Scheiben schneiden und auf einer Platte arrangieren. Einen Teil der Zwiebelsauce großzügig darübergießen, mit gehackter Petersilie bestreuen und servieren. Weitere Sauce in einer Sauciere bereithalten.

TIPP

Dazu reicht man gerne Salzkartoffeln und grünen Salat.

SCHWEINEKRUSTENBRATEN
MIT SAUERKRAUT UND WEISSEN BOHNEN

für 4 Personen

Zutaten

1500 g Schweineschulter mit Schwarte oder -nacken
Butterschmalz
2 Zwiebeln
Salz, Pfeffer, Lorbeerblatt
Speisestärke zum Binden der Sauce

Für das Sauerkraut mit weißen Bohnen
500 g Sauerkraut
125 ml Wasser
1 gehackte Zwiebel
2 Nelken
2 EL Schmalz
1 EL Mehl oder 1 rohe, geriebene Kartoffel
200 g weiße Bohnen (getrocknete oder eingemachte Ware)
Salz, Zucker

Zubereitung

Das Fleisch pfeffern und salzen. In einem großen Bräter mit heißem Butterschmalz ringsherum anbraten. Dann die Zwiebel schälen, würfeln und mit dem Lorbeerblatt und etwas Wasser zugeben. Den Braten nach Bedarf mit Wasser begießen und im geschlossenen Bräter bis zu zwei Stunden bei 180° C im Ofen garen. Den Bratensatz mit etwas Wasser und kalt angerührter Stärke aufkochen. Mit Salz und Pfeffer abschmecken.
Das Sauerkraut (je nach Säuregrad) mit Wasser abspülen oder einige Zeit wässern. Dann mit 125 ml Wasser aufsetzen und mit gehackter Zwiebel sowie Gewürzen und Schmalz dünsten. Vor dem Servieren das Sauerkraut mit etwas in kaltem Wasser angerührtem Mehl oder einer rohen, geriebenen Kartoffel binden und mit Salz und Zucker abschmecken.
Die getrockneten Bohnen am besten über Nacht einweichen, getrennt vom Gemüse in frischem Salzwasser kochen und zum Schluss untermengen. Eingemachte Ware abtropfen lassen und mit dem Gemüse etwas ziehen lassen.

Gut zu wissen!

Statt Krustenbraten reichte man auch gerne einen eingelegten Schinkenbraten. Der Schinkenbraten wurde etwa acht Tage in einer Marinade aus 1 l Rotwein, 4 EL Essig, etwas Zitronenschale, 1 Lorbeerblatt, 2 Zwiebeln, Salz und Pfeffer eingelegt und dann mit der Hälfte des Suds im geschlossenen Topf geschmort. Den Sud siebte man durch, dickte ihn mit 2 EL Zwiebackbröseln an und verfeinerte ihn mit 125 ml saurer Sahne.

SAUERBRATEN

für 4 Personen

Zutaten

1,2 kg Rindfleisch ohne Knochen aus der Keule, Schulter oder Hüfte, wahlweise auch einen Braten vom Pferd oder Schwein

Für die Marinade zum Einlegen
750 ml Rotweinessig
750 ml Wasser
2 Zwiebeln, in Ringe geschnitten
Salz, 6 Nelken, 6 Lorbeerblätter

Für den Braten mit Sauce
2 EL Schmalz
2 Möhren
1 Lauchstange
100 g gebröselter Pumpernickel und etwas Speisestärke
nach Belieben Rosinen und Rübenkraut
Salz, Pfeffer

Zubereitung

Zwei bis drei Tage im Voraus die Zutaten für die Marinade aufkochen und abkühlen lassen. Das Fleisch waschen und mit dem Sud vollständig bedeckt in einem geschlossenen Behälter durchziehen lassen. Es sollte täglich gewendet und vor der weiteren Zubereitung aus dem Sud herausgenommen und abgetrocknet werden.
Fett in einem ausreichend großen Bräter erhitzen und das Fleisch von allen Seiten darin anbraten. Etwas von dem Essig-Sud mit den Zwiebeln sowie klein geschnittene Lauchstangen- und Möhrenstücke zugeben und das Bratenstück rund anderthalb Stunden schmoren lassen. Den Braten während der Garzeit mehrfach wenden und nach Bedarf noch etwas Sud zugeben. Das fertig geschmorte Fleisch aus dem Bratensaft herausnehmen, erkalten lassen und aufschneiden. Den Bratenfond durchsieben und die Sauce mit Pumpernickel und etwas Speisestärke binden, mit Rosinen und Rübenkraut sowie Salz und Pfeffer abschmecken. Den aufgeschnittenen Braten in der Sauce erhitzen. Mit Rotkohl und Kartoffelklößen servieren.

TIPP

Dazu passt ein aromatischer Apfel-Rotkohl: 1 Kopf Rotkohl hobeln und mit 2 gewürfelten säuerlichen Äpfeln (z.B. Boskoop), 300 ml trockenem Rotwein, 2 gewürfelten Zwiebeln in 800 ml Wasser oder Apfelsaft gar kochen lassen. Ein Gewürzsäckchen aus 3 Lorbeerblättern, 2 Nelken, 6 zerdrückten Wacholderbeeren, 6 zerdrückten Pfefferkörnern und ½ Zimtstange mitkochen lassen. Mit Salz und Johannisbeergelee abschmecken.

RINDERSCHMORBRATEN

für 4 Personen

Zutaten

1 kg Rinderschulter oder -keule
2 Zwiebeln
500 ml trockenen Rotwein
200 ml Sahne
Butterschmalz oder Öl
Salz, Pfeffer
2–3 Lorbeerblätter
1 gestrichener TL Piment (gemahlen)
Speisestärke zum Binden der Sauce

Zubereitung

Zwiebeln schälen und klein schneiden. Das Fett in einem Bratentopf erhitzen und das Bratenstück von allen Seiten bei hoher Temperatur scharf anbraten. Die klein geschnittenen Zwiebeln hinzufügen und alles mit der Hälfte des trockenen Rotweins ablöschen. Zusätzlich etwas Wasser, Lorbeerblätter und Piment hinzufügen. Den Braten auf niedriger Temperatur zwei Stunden schmoren lassen. Während der Garzeit nach Bedarf weitere Flüssigkeit zufügen. Nach der Hälfte der Garzeit den restlichen Rotwein angießen. Mit Salz und Pfeffer abschmecken. Den Braten entnehmen und warm stellen. Die Soße durch ein Sieb passieren, mit Sahne verfeinern und nach Belieben mit etwas kalt angerührter Stärke binden. Den Braten in Scheiben schneiden, auf einer Platte anrichten und mit etwas Soße übergießen. Den Rest der Soße in eine Sauciere geben und zusammen mit dem Fleisch, Salzkartoffeln und Gemüse der Saison servieren.

Gut zu wissen!

Wahlweise können Sie zum Abschmecken der winterlichen Braten-Variante auch einen gestrichenen Teelöffel Nelken (gemahlen), einen gestrichenen Teelöffel Zimt (gemahlen), zwei Lebkuchen oder einige Spekulatius nehmen. Die Zutaten werden nach der Hälfte der Garzeit mit dem Rotwein zugefügt.

TIPP

Rosenkohl, Rotkohl und Blumenkohl oder Erbsen und Möhren passen zum Rinderschmorbraten vorzüglich.

HERRENCREME

für 6-8 Personen

Zutaten

2 Päckchen Vanillepuddingpulver oder
4 EL Speisestärke und das Mark einer Vanillestange
12 EL Zucker
1 l Milch
250 ml Sahne
1 guter Schuss Rum
125 g fein gehackte Zartbitterschokolade
Schokoladendekor für die Garnierung

Gut zu wissen!

Mancherorts liebt man es besonders sahnig und hebt die geschlagene Sahne im Verhältnis eins zu eins unter den Pudding.

TIPP

Auch mit einem Teil Joghurt oder Quark statt Sahne verfeinert, schmeckt die Herrencreme.

Zubereitung

6 EL Milch mit dem Puddingpulver anrühren. Den Rest der Milch mit dem Zucker zum Kochen bringen. Flüssiges Puddingpulver zugeben und rühren, bis die Masse anzieht. Den Pudding erkalten lassen. Die Sahne steif schlagen und mit dem Rum und der Schokolade unter die Creme heben. Mit Schokoladendekor garnieren.

WEINCREME

für 6-8 Personen

Zutaten

700 ml trockener Weißwein
200 g Zucker
2 Päckchen Puddingpulver Vanille
100 ml kaltes Wasser
Saft von 1 Zitrone
250 ml Sahne
kernlose weiße und blaue Trauben für die Dekoration

Zubereitung

Den Weißwein mit dem Zucker in einen Topf geben und zum Kochen bringen. Das Puddingpulver in dem kalten Wasser anrühren und dem kochenden Wein unter Rühren zufügen, ebenso den Zitronensaft. Sobald die Masse andickt, vom Herd nehmen und abkühlen lassen. Unter die kalte Masse geschlagene Sahne heben und nach Bedarf noch einmal mit etwas Zucker abschmecken. In Gläser oder eine Schüssel füllen, mit Trauben dekorieren und servieren.

TIPP

Diese Creme lässt sich auch mit Rotwein bereiten, was aber weniger typisch für die Münsterländer Küche ist.

MILCHREIS

für 6–8 Personen

Zutaten

1 l Milch
250 g Reis (je nach Vorliebe auch nur 125 g für nicht ganz so steifen Reis)
ein Stich Butter
4 EL Zucker oder etwas mehr
1 Vanillestange
1 Prise Salz
Zimtzucker zum Bestreuen oder
2 Gläser Sauerkirschen
2 EL Speisestärke
Zucker zum Abschmecken

Gut zu wissen!

Früher war Reis kostbar und teuer, denn man konnte ihn nicht selbst anbauen, sondern nur über fahrende Händler beziehen. Es zeugte also von besonderem Wohlstand, seinen Gästen einen dicken Reisbrei zu servieren.

Zubereitung

Die Milch mit der aufgeschlitzten Vanillestange und der Prise Salz ankochen und den Reis zugeben. Diesen rund eine halbe Stunde simmern lassen. Dann die Butter und den Zucker unter Rühren zugeben. Noch weitere 10 Minuten bei sehr kleiner Flamme leise quellen lassen. Gelegentlich umrühren. Den Brei etwas abkühlen lassen und in eine Glasschüssel geben. Mit Zimtzucker bestreuen oder mit angedickten Sauerkirschen in Gläser einschichten. Die Sauerkirschen dafür abtropfen lassen und den Saft mit 2 EL kalt angerührter Speisestärke aufkochen. Wenn die Masse anzieht, mit Zucker abschmecken und abkühlen lassen.

TIPP

Wenn man einen Becher geschlagene Sahne unter den abgekühlten Milchreis hebt, wird dieser besonders cremig. Auch Weinsuppe (siehe Rezept Struwen) reicht man gerne zum „Stuifn ruis".

Ein Lob auf Quark und Obst

In der Münsterländer Nachspeisen-Küche spielen neben Milchprodukten wie Sahne und Quark auch Pumpernickel und Spirituosen eine bedeutende Rolle. Besonders gerne schichtet man gebröselten, in Alkohol getränkten Pumpernickel mit geriebener Schokolade und Nüssen zwischen Schichten aus Sahne, Quark und Obst. Touristen staunen oftmals nicht schlecht, wenn sie erfahren, dass das grobe Bauernschwarzbrot gerade in Desserts so fein sein kann!

Dicker Reis und saure Milch

Als besondere Delikatesse gelten neben dickem Reisbrei, der bei keinem festlichem Buffet fehlen darf, auch Desserts aus saurer Milch, die mit Wein, Bier oder Rum verfeinert werden. Gerne reicht man den steif gekochten Milchreis und die Stippmilch mit Zimtzucker, Backobst, Schwarzbrot-Bröseln und Zucker oder mit Fruchtsaft. Um die „dicke Milch“ (heute der Sauer- oder Dickmilch ähnlich) zu gewinnen, wurde früher in den Sommermonaten frisch gemolkene Milch in eine Schale gegossen und über Nacht an einem warmen Ort stehen gelassen. Am nächsten Mittag reichte man die säuerliche, leicht dick gewordene Milch als Kaltschale am liebsten mit Zimtzucker.

Haltbar gemachte Delikatessen

Noch bis in die 1950er-Jahre waren die Höfe von zahlreichen Obstbäumen umgeben. Zusammen mit den Hecken boten die Bäume Schutz vor Sturm und Kälte, waren Lebensraum für viele Nützlinge und dienten als Nahrungsquelle für Mensch und Tier. Für den Wintervorrat kochte man vor allem Stein- und Kernobst wie Kirschen, Pflaumen, Mirabellen und Birnen als Kompott ein. Aus Äpfeln bereitete man Saft, Gelee oder Kraut. Auf Gestellen trocknete man zudem Apfel- und Birnenstücke sowie ganze entkernte Pflaumen. Letztere galten bei Naschfreudigen als besondere Delikatesse und erhielten sogar das Prädikat „Westfälische Trüffel“ oder zusammen mit Wein und anderem Trockenobst aufgekocht die Bezeichnung „Westfälisches Himmelreich“.

Auch Beerenobst wie Erdbeeren, Johannis- oder Stachelbeeren erfreut sich großer Beliebtheit in den Gärten der Region. Nicht nur süße Pfannkuchen, sondern auch alltägliche Desserts und kleine Milchmahlzeiten verfeinert man mit frischem Obst. Einfach und lecker sind die Kreationen, die keinerlei Rezept bedürfen und bis heute schmecken: Man gibt die frischen oder eingemachten Früchte in eine Schale und deckt sie mit gezuckertem, angerührtem Quark oder Stippmilch ab.

STIPPMILCH MIT FRÜCHTEN

für 4 Personen

Zutaten

500 g Quark
375 ml Milch oder Buttermilch
Zucker nach Geschmack
400 g frische, gezuckerte oder eingemachte Früchte
Pumpernickelbrösel nach Geschmack

Zubereitung

Den Quark mit der Milch und dem Zucker glatt rühren. Die vorbereiteten Früchte in Schalen geben, die Quarkmasse darübergeben und nach Geschmack auch Pumpernickelbrösel.

Gut zu wissen!

Eine leckere Alternative zur Stippmilch sind „Westfälische Erdbeeren". Darunter versteht man gezuckerte Erdbeeren, die mit Sauerrahm oder Schmand und Pumpernickelbröseln gereicht werden. Der Rahm wird zuvor mit etwas flüssigem Honig und Weizenkorn glatt gerührt.

TIPP

Die Früchte am besten schon am Abend vorher zuckern und ausreichend Saft ziehen lassen. Wenn man keine frischen Früchte hat, einfach etwas Zimtzucker oder eingeweichtes Backobst über das Dessert streuen.

DICKE MILCH

für 4 Personen

Zutaten

1 l frische Vorzugsmilch
1 kleiner Becher Naturjoghurt
Zimtzucker, Vanillezucker oder frische Früchte

Gut zu wissen!

Die Milchsäuregärung funktioniert nur mit unbehandelter Milch. Wer keine Vorzugsmilch verwenden möchte oder trinken darf, kann auch auf handelsübliche Dick- oder Sauermilch zurückgreifen. Diese ist pasteurisiert oder homogenisiert und bereits mit Starterkulturen versetzt und entsprechend dick gelegt.

Zubereitung

Die Milch in eine flache Schüssel geben und mit einem Tuch bedecken. Nach Geschmack einen kleinen Becher Naturjoghurt unterrühren. Das Gemisch bei Zimmertemperatur säuern lassen und nicht umrühren.
Mit Zimtzucker, Vanillezucker oder mit frischen Früchten servieren.

MÜNSTERLÄNDER QUARKSPEISE

für 4 Personen

Zutaten

2 Scheiben Pumpernickel
50 g geriebene Schokolade
250 ml Sahne
2 Päckchen Vanillezucker
200 g Quark
250 g (nach Geschmack angedickte) Kirschen
2 EL Rum oder Kirschwasser

Zubereitung

Pumpernickel zerkrümeln und mit dem Alkohol beträufeln. Sahne steif schlagen und mit dem Vanillezucker mischen. Die Sahne mit dem Quark vermengen. Pumpernickelbrösel und Schokolade, Kirschen und Sahne-Quark abwechselnd in Dessertschalen schichten. Mit Kirschen und Pumpernickel-Schokomasse abschließen und servieren.

Gut zu wissen!

Die lange Backzeit von bis zu 24 Stunden bei etwa 100 Grad Celsius und ebenfalls die Beigabe von Rübenkraut gibt dem Westfälischen Pumpernickel seine süße Note.

TIPP

Wenn Sie statt der Kirschen Preiselbeerkompott für das Dessert nehmen, Alkohol und Schokolade weglassen, erhalten Sie eine Westfälische Quarkspeise.

PUMPERNICKEL-PARFAIT

für 6–8 Personen

Zutaten

250 ml Milch
Mark einer halben Vanilleschote
60 g Zucker
2 Eigelbe
1 Blatt Gelatine
250 ml Sahne (mit je 1 EL Zucker und Rum)
1–2 Scheiben Schwarzbrot oder Pumpernickel
Rum zum Beträufeln des Brots
1 Glas Preiselbeerkompott
Schokoladenspäne für die Dekoration

Zubereitung

Die Gelatine nach Packungsanleitung auflösen. Milch mit dem Vanillemark, dem Zucker und dem Eigelb in einen Topf geben und auf der Herdplatte abschlagen, bis die Masse hochsteigt. Die Gelatine in die etwas abgekühlte, aber noch warme Masse einrühren. Sahne schlagen und unter die vollständig abgekühlte Masse heben. Schwarzbrot oder Pumpernickel fein zerbröseln und in einer Pfanne ohne Fett anrösten. Brotbrösel anschließend mit Rum beträufeln. Die Eismasse in eine kalt ausgespülte Kuchenform abwechselnd mit Schwarbrotbröseln und Kompott einschichten. Die Masse anschließend 4–5 Stunden frieren lassen. Vor dem Anschneiden die Kuchenform kurz in heißes Wasser tauchen und stürzen. Mit etwas Schokoladenspänen dekorieren und in Stücke schneiden.

TIPP

Wer es gerne nussig mag, kann dieses Parfait zusätzlich oder anstelle von Pumpernickel auch mit gehackten gerösteten Nüssen verfeinern.

VANILLE-SAHNE-CREME

für 4 Personen

Zutaten

250 ml Milch
Mark einer Vanilleschote
2 Eigelbe
75 g Zucker
250 ml Sahne
1 Päckchen gemahlene Gelatine
50 g geraspelte weiße Schokolade

Gut zu wissen!

Wer lieber auf frische Eier im Dessert verzichten möchte, kann diese auch weglassen. Der Nachtisch gelingt auch ohne Eigelb.

TIPP

Mit gezuckerten Erdbeeren oder Himbeeren servieren. Auch pürierte, durch ein Sieb gestrichene Beerenfrüchte passen zur Creme.

Zubereitung

Die Milch mit dem Vanillemark kurz aufkochen lassen, dann durchziehen und etwas abkühlen lassen. Die Eigelbe mit dem Zucker verrühren und die noch warme Milch darunterschlagen. Die nach Packungsanleitung aufgelöste Gelatine zugeben. Die Schüssel mit der Masse in ein eiskaltes Wasserbad stellen und solange verschlagen, bis die Creme zu gelieren beginnt. Die steif geschlagene Sahne unterheben und das fertige Dessert in Gläser füllen und kalt stellen.
Vor dem Servieren mit der Schokolade dekorieren.

ROTE BEERENGRÜTZE

für 6–8 Personen

TIPP

Besonders raffiniert wird die Grütze, wenn man zum Schluss noch einen Schuss Aufgesetzten („Uppgesatten“) dazugibt.

Zutaten

500 ml Wasser
600 g rote Johannisbeeren, Erdbeeren und rote Stachelbeeren
Zucker nach Geschmack
1 Päckchen Vanillezucker oder das Mark einer Vanillestange
2 EL Stärke

Zubereitung

Die gewaschenen und entstielten Früchte (Erdbeeren halbieren oder vierteln) mit der Flüssigkeit, dem Zucker und dem Vanillemark zum Kochen bringen. Stärke in etwas kaltem Wasser aufrühren und zur kochenden Masse geben. Die Masse unter ständigem Rühren kurz aufkochen lassen und von der Herdplatte nehmen. Die abgekühlte Grütze mit Zucker abschmecken und im Kühlschrank kalt werden lassen. Als Kaltschale oder zu Grießbrei, Vanillepudding oder -eis servieren.

ZWIEBACKPUDDING
MIT VANILLESAUCE

für 6–8 Personen

Zutaten

2–3 Eier
125 g Zucker
325 ml Milch
50 g klein geschnittenes Trockenobst (Pflaumen oder Aprikosen)
50 g Rosinen
1 TL Zitronen- oder Orangenabrieb
1 Päckchen Vanillezucker
Butter und Zwiebackbrösel für die Form

Für die Vanillesauce
1 Päckchen Vanillepuddingpulver oder
2 EL Stärkemehl und das Mark einer Vanillestange
12 EL Zucker
1 l Milch

Zubereitung

Die Puddingform einfetten und mit den Zwiebackbröseln ausstreuen. Eier, Milch und Zucker verrühren. Den Zwieback in kleine Stücke brechen, teilweise reiben und zu der Eiermilch geben. Mit den Händen die Masse grob verkneten und das Trockenobst sowie die restlichen Zutaten zugeben. Die Masse in die Puddingform einfüllen und im Wasserbad (die Form sollte zu Dreiviertel im Wasser stehen) rund anderthalb Stunden bei mittlerer Hitze garen. Das Wasser mit der Puddingform kurz ankochen und dann zurückstellen. Nach der Garzeit die Form vor dem Stürzen noch eine gute halbe Stunde im Wasserbad stehen lassen. Warm mit Vanillesauce reichen.
Für die Vanillesauce die Milch mit der aufgeschlitzten Vanillestange und dem Zucker ankochen und kalt angerührtes Stärkemehl oder Vanillepuddingpulver zugeben. Alles unter Rühren noch einmal kurz aufkochen und anziehen lassen.

Gut zu wissen!

Gerne reicht man auch eine Wein- oder Biersuppe zum Brotpudding. Wer es besonders deftig mag, kann auch etwas Schwarzbrot oder Pumpernickel mit in die Puddingmasse geben.

RHABARBERSUPPE
MIT SCHNEEKLÖSSCHEN

für 4–6 Personen

Zutaten

1 kg rotschaliger Rhabarber
750 ml weißer Trauben- oder Apfelsaft (wahlweise auch Weißwein oder Wasser)
1 Päckchen Vanillezucker oder Mark einer Vanillestange
Zucker nach Geschmack
2 EL Speisestärke
1 Eiweiß
1 Prise Salz
gehackte Pistazienkerne oder Nüsse

Zubereitung

Den Rhabarber waschen, schälen und in etwa einen halben Zentimeter dicke Stücke schneiden. Den Saft mit dem Mark der Vanillestange aufkochen, den Rhabarber zugeben und köcheln lassen. Wer den Rhabarber nicht so langfaserig mag, kann die Suppe pürieren oder durch ein Sieb streichen. Die Suppe mit der kalt angerührten Stärke binden. Das Eiweiß mit einem Esslöffel Zucker und der Prise Salz steif schlagen. Mithilfe eines Löffels von der steifen Masse Klößchen abstechen. Die Klößchen auf die noch heiße Suppe setzen und in der Nachwärme bei geschlossenem Deckel rund fünf Minuten gar ziehen lassen. Die Klößchen vorsichtig entnehmen und die kalte Suppe nochmals mit etwas Zucker abschmecken. Die Suppe in Dessertschalen oder auf tiefe Teller geben und mit den Klößchen garnieren. Etwas gehackte Pistazienkerne oder Nüsse obenauf streuen.

TIPP

Auch von eingemachten Stachelbeeren, Kirschen, Pflaumen oder Birnen lassen sich leckere Obstsuppen kochen. Die Früchte kocht man mit etwas Saft, Weißwein oder Wasser auf, bindet sie mit Stärke und süßt die Suppe nach Belieben.

ROTWEINPFLAUMEN

für 4 Gläser à 400 ml

TIPP

Rotwein-Pflaumen schmecken kalt und warm zu Milch-Desserts oder süßen Pfannkuchen.

Zutaten

300 g Zucker
½ TL Zimt
Saft von 1 Zitrone
2 Päckchen Vanillezucker oder
1 aufgeschlitzte Vanillestange
½ TL Zimt
2,5 Kilo Pflaumen oder Zwetschen
½ Liter trockener Rotwein
sterile Schraubgläser

Zubereitung

Aus ½ Liter Wasser, dem Rotwein, Zitronensaft, Zucker und den Gewürzen einen Sirup kochen. Diesen einige Stunden oder über Nacht durchziehen lassen. Die Vanilleschote und Zimtstangen entfernen. Die Pflaumen verlesen, waschen, entkernen und halbieren. Die Früchte in Gläser einschichten und mit dem Sirup bedecken. Die Gläser verschließen und in einem großen Topf einkochen lassen.
Dafür ein feuchtes dünnes Baumwollhandtuch in den Topf legen. Die Gläser darauf platzieren, sodass sie nicht wackeln oder anstoßen. Den Topf mit Wasser auffüllen. Die Gläser sollten etwas mehr als die Hälfte mit dem Wasser bedeckt sein. Deckel auflegen und Wasser zum Kochen bringen, dann etwas herunterschalten. Die Gläser rund 30 Minuten simmern lassen und noch mal 10 Minuten in der Nachwärme stehen lassen. Das Eingemachte bis zum Verzehr kühl und dunkel lagern.

RUMCREME

für 4–6 Personen

Zutaten

6 sehr frische Eigelbe
8 EL Rum
250 g feinster Zucker
300 ml Sahne
4 Blatt Gelatine
Haselnusskrokant oder geröstete Mandelblättchen

Zubereitung

Sahne steif schlagen und kalt stellen. Gelatine in etwas Wasser einweichen und nach Packungsanleitung weiterverarbeiten. Eigelb mit dem Zucker solange aufschlagen, bis dieser vollständig aufgelöst ist. Rum und aufgelöste Gelatine zur Eigelbmasse geben und diese gut verrühren. Die Sahne unterheben und alles kalt stellen. Etwas Haselnusskrokant oder geröstete Mandelblättchen machen sich gut als Dekoration. Besonders gerne reicht man die Rumcreme mit selbstgemachtem Pflaumenkompott.

Gut zu wissen!

Besonders frische Eier (Handelsbezeichnung „extra frische Eier“ oder „A Extra“) bieten meist nur Erzeuger aus nächster Nähe an.

TIPP

Wer die Rumcreme wegen der rohen Eier nicht essen mag, könnte alternativ die „Vanille-Sahne-Creme“ aus diesem Buch bereiten und entsprechend mit Rum abschmecken.

FRUCHTSAFT ODER -SIRUP

für 1 Flasche

Zutaten

1,5 kg Beerenfrüchte, Kirschen oder Schlehen
150 g Zucker, ggf. nach Geschmack etwas mehr

Gut zu wissen!

Der Fruchtsaft ist sehr intensiv und schmeckt am besten, wenn man ihn mit Wasser verdünnt oder für Milchmixgetränke nutzt.

TIPP

Wer lieber einen Sirup herstellen möchte, bereitet aus 750 ml Wasser, 450 g Zucker und dem Saft von drei Zitronen eine Zuckerlösung. Diese wird zusammen mit dem gewonnenen Fruchtsaft aufgekocht.

Zubereitung

Die gewaschenen und entstielten Beerenfrüchte (Kirschen und Schlehen mit Kernen verarbeiten) mit sehr wenig Wasser in einen Kochtopf geben und kochen lassen, bis die Fruchtschale aufplatzt und der Saft austritt. Die Früchte dann auf einem Sieb abseihen oder mithilfe einer Flotten Lotte durchpressen und den Saft auffangen. Den Saft süßen, noch einmal drei Minuten aufkochen lassen und den heißen Saft langsam (sodass das Glas nicht springt) in vorgewärmte Flaschen füllen. Kühl und dunkel aufbewahren.

AUFGESETZTER VON SCHLEHEN
(„UPPGESATTEN“)

für 2 Flaschen

Zutaten

750 g Schlehen
300 g weißer Kandis
2 Zimtstangen, 1 Vanilleschote
1 Flasche Doppelkorn
(38 Volumenprozent)

Gut zu wissen!

Die herben Schlehen erntet man nach dem ersten Frost oder gibt sie in die Tiefkühltruhe, damit sie milder werden.

Zubereitung

Die Schlehen entstielen und waschen. Die Früchte etwas zerdrücken, einige Kerne ebenfalls zerstoßen, damit sie ihr mandelähnliches Aroma freigeben. Die zerdrückten Früchte in ein gut schließendes Ansatzglas geben, den Kandis, die Zimtstangen sowie die aufgeschlitzte Vanilleschote zugeben. Mit dem Korn auffüllen und etwa sechs Wochen ziehen lassen. Den Aufgesetzten dann abseihen und in Flaschen füllen. Kühl und dunkel aufbewahren. Vor dem Genuss nochmals vier Monate reifen lassen.

GRIESSPUDDING

für 4–6 Personen

Zutaten

1 l Milch
4 EL Zucker
Mark einer Vanilleschote
125 g Grieß
nach Geschmack 1 Eigelb,
1 Eiweiß
1 Prise Salz
abgeriebene Zitronenschale
frische Beerenfrüchte zur Garnierung
Fruchtsaft oder -sirup

Zubereitung

Die Milch mit dem Salz zum Kochen bringen. Zucker und Vanillemark zugeben. Grieß einrieseln lassen und unter Rühren kurz aufkochen lassen. Nach Gusto das verschlagene Eigelb unterrühren und das steif geschlagene Eiweiß unterheben. In kalt ausgespülte Förmchen oder eine Glasschüssel füllen.
Den erkalteten Grießbrei stürzen und mit Fruchtsaft oder -sirup servieren.

Gut zu wissen!

Eine köstliche Beigabe zu Milchdesserts wie Grießbrei ist auch das „Westfälische Himmelreich“. 200 g eingeweichtes Backobst wird hierfür mit je einem Viertel Liter Wasser und Wein, 1 Stange Zimt, 4 EL Zucker und etwas Zitronenabrieb aufgekocht und 1 EL Speisestärke angedickt. Mancherorts gibt man noch 200 g frisches Beerenobst dazu.

TIPP

Das Rezept für Fruchtsaft und -sirup finden Sie auch in diesem Buch.

REGISTER

MÜNSTERLAND

Heinrich Thies

Naz und Lene – Brookgeschichten
Eine Kindheit im Münsterland

Hardcover, 80 S.
ISBN 978-3-8313-2415-6

Heike Hänscheid/Uta Ribbert

Türmer, Send und Höllenschnaps
Geschichten und Anekdoten aus Münster

Hardcover, 80 S.
ISBN 978-3-8313-1818-6

Heike Hänscheid/Werner Otto

Münster
Farbbildband

Hardcover, 72 S.
ISBN 978-3-8313-2325-8